면접관이 절대 알려주지 않는
면접의 비밀

면접관이 절대 알려주지 않는
면접의 비밀

면접관이 절대 알려주지 않는

면접의 비밀

초판 1쇄 발행 ㅣ 2013년 7월 15일
초판 3쇄 발행 ㅣ 2016년 8월 30일

지은이 ㅣ 조영환
펴낸이 ㅣ 박영욱
펴낸곳 ㅣ (주)북오션

편 집 ㅣ 이소담
마케팅 ㅣ 최석진 · 임동건
표지 및 본문 디자인 ㅣ 서정희 · 심재원

주 소 ㅣ 서울시 마포구 월드컵로 14길 62, 4층
이메일 ㅣ bookrose@naver.com
페이스북 ㅣ facebook.com/bookocean21
블로그 ㅣ blog.naver.com/bookocean
전 화 ㅣ 편집문의: 02-325-9172   영업문의: 02-322-6709
팩 스 ㅣ 02-3143-3964

출판신고번호 ㅣ 제313-2007-000197호

ISBN 978-89-6799-299-6 (13320)

이 도서의 국립중앙도서관 출판예정도서목록(CIP)은 서지정보유통지원시스템
홈페이지(http://seoji.nl.go.kr)와 국가자료공동목록시스템
(http://www.nl.go.kr/kolisnet)에서 이용하실 수 있습니다.
(CIP제어번호: CIP2016018864)

삼성에서 26년간
20,000명을 면접한
인사담당관이 말하는
면접의 놀라운 진실

면접관이 절대 알려주지 않는

면접의 비밀

조영환 지음

북오션

참 취업하기가 힘든 시기다. 하늘의 별 따기만큼 취업이 어렵다고들 한다. 며칠 전 채용을 담당하는 후배로부터 30명을 모집하려는데 4500여 명이 지원했다는 말을 듣고 '취업이 어렵기는 정말 어려운 모양이구나' 하는 생각이 들었다. 필자가 지도하고 있는 취업코칭스쿨의 어떤 학생은 대학을 졸업하면서 80여 군데 입사지원서를 냈으나 면접에 오라는 통보를 한 군데에서도 받지 못했다고 의기소침해하고 있었다. 이런 경위로 주변에 취업 학원도 많이 번성하고 있고 적지 않은 돈을 받고 자기소개서를 대필해주는 신종 직업도 생겼다고 한다. 면접을 준비하는 데 필요한 자세나 자기소개서 작성 방법, 면접 요령을 알려주는 스마트폰 애플리케이션도 있고 각종 블로그·카페에는 면접과 취업에 대한 사례나 방법이 홍수처럼 소개되어 있다. 심지어 취업희망자와 채용을 원하는 회사를 연결해주는 '취업박람회'가 아닌 희망자와 취업을 도와주는 각종 컨설팅회사, 학원, 취업알선 전문가들을 연결해주는 '취업준비 박람회'까지 개최되는 판국이다.

한편 소위 취업에 유리한 조건들(스펙)을 취득하기 위한 지원자들이 피나는 노력도 끝이 없이, 보기에 안타깝다. 기성세대는 우리나라의 고도성장기와 함께했기 때문에 기업들이 새로 창업하고 매년 많은 신입사원을 선발하는 시기에 취업할 수 있었다. 따라서 취업 자리도 많았으며, 어느 정도의 능력과 자질을 갖춘 사람들은 자신이 원하던 곳을 골라갈 수 있었다. 어떤 이는 여러 군데 합격해놓고 이리저리 따져보다가 보수가 높고 비전도 있으며 일은 편한 직장을 선택하기도 했다. 그래서 지금과는 반대로 기업은 우수 인재를 고르기 위한 채용 전쟁을 치렀다. 그러나 고도성장기를 지나 불황기를 맞은 기업들은 과도한 인력 보유가 큰 부담이 됨을 몸소 경험했다. 기업들이 인력 채용을 최소화하고 비정규인력 채용이나 외주, 분사 등의 조치로 조직을 가볍게 하기 시작했고, 적은 인원으로 생산성을 높이면서 결과적으로 정규 인력의 수요를 줄이는 기업이 늘어났다.

인력은 다른 경영 자원에 비해 탄력성이 매우 낮다. 현재 우리나라의 근로기준법상으로는 한 번 채용하면 마음대로 해고나 해직을 할 수 없을 뿐만 아니라 근로자들에게 지급하는 인당인건비는 하방 경직성을 가지고 있어서 생산성이나 회사 재무건전성, 매출 추이와는 상관없이 마냥 높아져만 간다. 그런 와중에 IMF나 금융위기처럼 예상치 못한 위기를 겪으면서 경영 여건이 위축된 기업들은 과다한 인력을 줄이려다가 노사분규 등 여러 갈등을 겪었다. 그런 아픈 기억의 결과로 이후 많은 기업이 인력 채용에 대해 소극적이 되었고 다른 방법으로 생산성을 높이려는 노력을 지향하게 되었다. 자연스럽게 경제 규모나 산업 발전 추이와는 상반되게 인력 채용 규모는 줄어들었다. 이러다 보니 현재의 취업 대란이라는 사회적 문제를 야기한 것이다. 인력을 늘리지 않고도 생산성을 2~3배 향상시킬 수 있는 노하우를 개발하고 적용하는 조직들이 점점 늘어나고 있다. 어쩌면 근로자를 보호하기 위해 부당한 해고를 제한했던 노동 관계 법규가 오히려 기업들로 하여금 채용 자체를 자제시켜 근로자들을 원천적으로 핍박하는 결과를 야기한 꼴이 되었는지도 모른다.

이런 추세가 계속됨에 따라 기업체의 인력 수요는 과거에 비해 현저히 줄어들었다. 학교를 졸업하고 사회로 진출한 젊은 세대들이 적당한 일자리를 찾지 못해 여러 사회문제가 생성되고 있다. 지금의 20대 말, 30대 초반들은 학교 재학 시절이나 입학 당시에는 과도한 시험 경쟁에 휩싸였고 사회에 나오니 취업 경쟁까지 이어져서 이래저래 인생이 피곤하다. 더불어 부동산 가격이나 자녀 육아 비용도 상상을 초월할 정도로 높아지는 바람에 결혼이나 사회 참여의 기회가 제한되고, 결혼 연령을 늦추거나 결혼 자체를 기피하는 청년 세대가 늘어나고, 국가적으로는 신생아의 탄생이 줄어드는 또 다른 부작용으로 전이되고 있는 실정이다(3포불현상: 연애 포기·불가, 결혼 포기·불가, 출산 포기·불가).

필자는 요즘 세대들에 비해 상대적으로는 쉽게 취입하고 근 부담 없이 집 장만하여 자녀들을 편하게 키운 세대로서 취업에 힘들어하는 후배들에게 일말의 책임감을 느낀다. 삼성 인사부서로 입사하여 회사의 인사관리 업무를, 실무자부터 임원까지 20여 년 동안 맡아 오면서 2만 명에 가까운 취업지망생을 만났다. 후배들에게 직접 일자리를 만들어줄 능력은 없지만 그래도 당시 면접한 경험을 토대로, 면접이나 기타 채용전형에 보다 쉽고 자신감 있게 접근하는 데 도움을 줄 취업 교재를 제공한다는 차원으로 이 글을 집필하려고 한다. 마침 기업이나 학교에서 인성과 적성을 더 중시해야 한다는 생각에 인·적성검사를 강화하겠다는 발표가 최근에 나왔다. 그만큼 사람을 판단하기가 어렵다. 이 글은 필자가 인사부서에서 근무하며 조우한 취업 희망자 2만여 명의 지원서와, 면접장에서 만나서 느꼈던 생각을 토대로 면접위원의 입장에서 더 선호할 수밖에 없는 매력적인 인재상의 실제적 모델을 제시함으로써 취업 대란에 고생하고 있는 취업 준비생들에게 작은 도움을 주는 데 그 목적이 있다.

한편, 고등학교를 졸업하고 대학을 진학하는 과정에도 면접이 기다리고 있다. 필자가 대학을 입학한 30여 년 전에는 대학 입학전형 과정에서 면접이란 거의 형식적인 절차에 불과했으므로 특별히 학업 수행에 문제 있는 사람만 극소수 가려냈다. 하지만 근자에 와서는 '입학사정관제'가 생겨서 면접도 절대적인 대학의 선발 과정이 되고 있다. 취학이든 취업이든 지원자가 그 조직의 가치와 일(학업)에 적합한지, 같이 생활할 동료나 조직 구성원들과 관계에 무리가 없을지를 검증하는 시스템이 면접이다. 특히 학교에서는 몇 십 년간 학업 성적만을 중시해옴으로써 발생했던 부작용을 줄이며 인성이 반듯하고 사회에서 필요로 하는 인재를 육성하려고 도입된 선발 과정이 면접이므로 그 중요성이 만만치 않다. 아무튼 '개인적으로 반듯하며 주위와도 어울려 성과를 만들어갈 수 있는 인성을 갖추었나'가 입학이든 취업이든 면접 과정에서 챙겨보는 필수 요소다.

우리는 인생에서 스스로 원하든 아니든 간에 수많은 인터뷰를 하며 살아가고 있다. 대학을 들어갈 때도, 군대에 들어갈 때도, 취업을 위한 채용면접장에서도 이루어진다. 가히 면접을 피하고 살 수는 없다고 하겠다. 신부님에게 고해성사를 바치는 것도 일종의 면접이요, 맞선을 보는 것도 면접과 별로 다르지 않다. 신랑 신부가 주례 앞에 서서 받는 질문, '앞으로 평생토록 서로를 사랑하고 살겠는가'도 인터뷰의 한 가닥이다. 다만 공개적인 것이란 게 다를 뿐이다. 어쩌면 사람들로 이루어진 사회에 몸담고 살 수밖에 없는 인생은 면접의 연속인지도 모른다.

능력 부족과 상관없이 자신의 속에 있는 이야기라도 제대로 잘 표현하면 좋으련만 면접장이란 원래 좀 경직되고 떨리는 자리라 말처럼 쉽지 않은 것도 어쩔 수 없는 사실이다. 최근 취업을 위한 면접을 한 번이라도 경험해본 사람은 면접위원으로부터 이런 유의 질문들을 받아본 적이 있을 것이다.

- ☐ 살아오면서 고난을 극복한 사례가 있으면 예를 들어 설명해보시오.
- ☐ 존경하는 사람이 있으면 누구인지 밝히고 그 사유를 설명하시오.
- ☐ 여러 사람과 친한 편인가요? 한두 사람을 깊이 사귀는 편인가요?
- ☐ 가장 친한 친구 두 사람이 싸운다, 당신은 어떻게 하겠는가?
- ☐ 인생에서 가장 기억에 남는 세 가지 사건을 이야기하고 그때의 느낌과 체득한 교훈을 이야기해보시오.
- ☐ 학교 자랑 · 가족 자랑 좀 해보세요.

☐ (남자의 경우) 병역 면제인데 구체적인 사유를 말씀해보세요.

☐ 자신이 가장 소중하게 생각하는 가치는 무엇인가요?

☐ 만약 우리 회사에 합격하여 입사 축하파티에 세 명을 초청할 수 있다면 누구를, 왜 초청하고 싶습니까?

우리는 이런 질문을 받고 나름대로 이유 있는 답변을 하고 나올 것이다. 그러나 면접장을 나와서 우리는 스스로에게 이런 질문도 던진다.

_ 과연 내가 답변을 잘했을까?
_ 내가 한 답이 과연 면접관이 원하는 것일까?
_ 왜 다른 사람에게는 물어보지 않고 나에게만 이런 질문을 할까?
_ 나는 합격할 수 있을까?

자 그러면 면접위원은 왜 이런 질문을 지원자들에게 던질까?

다른 사람에게도 똑같은 질문을 할 경우도 있고 한 사람에게만 물어보는 질문도 있다. 사실 면접위원은 1~2분의 아주 짧은 시간 동안 지원자의 서류를 훑어본다. 그리고 의문 나는 사항을 질문하는 것이다. 혹은 채용담당자가 입사지원서에 체크하여 면접위원으로 하여금 꼭 물어보고 확인하도록 하는 경우도 있다. 공통 질문을 통해 상대적인 비교가 되도록 하여 우수한 사람을 뽑겠다는 의도도 있지만 적잖은 경우 의문스러운 사항이 있는 사람에게 질문을 하게 마련이다. 예를 들면 '군대 면제 사유를 설명해보시오'라는 질문을 받았다는 것은 이미 면접관이 '병역 기피자는 아닌가?' 하는 의혹이나 우려를 가지고 있거나 채용담당자로부터 확인 요청을 받았을 확률이 크다. 이런 경우 답변이 합리적이고 논리적이지 않으면 좋은 점수를 받기가 쉽지 않다. 정직하다고 하여 합격할 수 있는 것도 아니다. 정직한 것은 좋지만 그 내용이 부도덕하거나 사회 윤리적으로 합당하지 않으면 기업에게 선택될 수 없다.

또 다른 예를 들면 '고난을 극복한 사례를 들고 설명해보시오'라는 질문은 면접위원이 보기에 지원자가 인내심이나 스트레스 내성이 약해 보일 때 던져보는 질문이다. 경제적으로 부유하고 정신적으로 건강한 부모 아래에서 모자란 것 없이 귀여움만 받고 자란 외동아들의 경우 스스로 고난에 빠지거나 혼자서 극복한 사례가 거의 없었을 것이라는 가정에서 출발한다. 하지만 기업에 입사하면 그런 어려운 일들이 비일비재하므로 미리 그런 능력을 확인하기 위해 질문을 던진다. 외동아들에 대한 불편한 선입견을 멀리 돌려서 다른 뉘앙스로 찔러보는 것이다.

그래서 기업이 원하지 않을 듯한 특성을 가진 지원자는 철저히 준비해서 제대로 답변해야 한다. 그렇지 못하면 수많은 지원자 중에서 선발될 가능성은 매우 희박하다.

면접관이 질문을 많이 던지는 지원자는 합격·불합격을 가리기 애매한 사람이란 뜻이다. 명확히 합격할만한 자질을 갖추었다면 길게 물어볼 필요가 없는 것이고 확실히 불합격할 조건을 가졌다면 형식적인 질문만 던져보고 만다. 판단이 불확실하기 때문에 다양한 각도로 확인하고 분석해보려는 것이다. 그래서 질문을 다른 사람에 비해 많이 받았다는 이야기는 이 조직에 입사하기는 좀 애매하다는 뜻이고, 이런 경우 답변을 잘하면 합격이고 잘 못하면 불합격으로 연결될 확률이 높다. 질문이 적었다면 합격이나 불합격이 명확한 경우가 태반이다.

이러한 다양한 면접과 관련된 의문을 풀어보고 면접관 입장에서는 왜 그런 질문을 던졌는가도 알아보자. 면접관이 던지는 질문의 의중을 미리 파악한다면 그 뜻에 맞는 답변을 할 수 있을 것이고 100% 합격을 보장하지는 못한다고 해도 합격에 더 다가가는 기회가 되지 않을까. 적어도 내가 가진 생각과는 다른 답변을 하거나 면접관이 원하지 않는 엉뚱한 답변을 피할 수 있지 않을까. 면접은 불완전한 사람이 불완전한 도구로 불완전한 사람을 판단하는 제도이지만, 작은 질문 하나에도 겉으로 드러나는 의미 외에 숨겨진 의도가 있는 것이다.

필자는 20여 년이라는 오랜 기간 동안 대기업의 인사부서에 근무한 사람으로서 면접 제도를 운영해본 사례들과 실제 면접위원으로서 면접에 참여한 다양한 경험, 또한 면접위원에게 면접요령을 교육하고 전파한 사례들을 토대로 이 글을 쓴다.

따라서 학문적으로 연구한 내용이 아닌, 철저히 회사나 면접관의 입장에서 지원자들이 어떤 자세와 태도로 임하면 취업에 유리한가를 기술할 예정이다. 아울러 장기간 인사부서에서 근무하며 국내 기업 중 최초로 시도해본 '면접 결과와 실제 근무 실적과의 상관관계'도 분석하여, 인재 발굴과 채용에 있어서 면접제도의 적합성과 근원적인 목적도 언급하고자 한다.

차 례

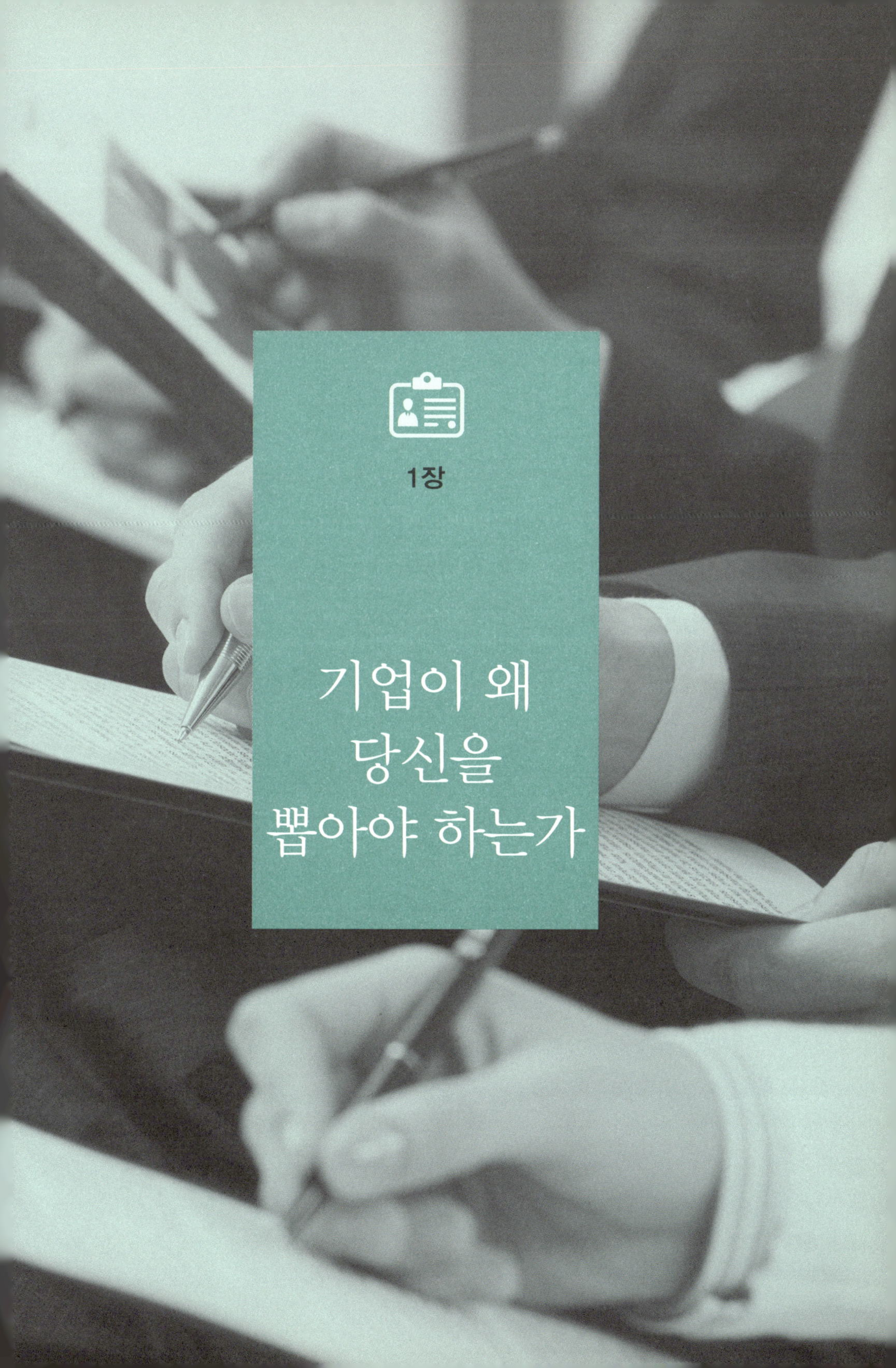

기업이 왜 당신을 뽑아야 하는가

1 채 용 은 기업 입장에서 왜 중요한가

중요성으로만 본다면 인사관리의 절반이 채용업무

취업을 원하는 사람에게는 본인의 면접 준비도 중요하지만, 그 수요자이며 취업 활동의 상대이자 고객인 기업의 입장을 파악하는 것이 먼저다. 고객, 즉 기업이 왜 채용을 하는가를 면밀히 살펴보고 준비하면 대응하기도 훨씬 더 쉽다. 먼저 그 사유를 자세히 살펴보자. 기업 입장에서는 경영 활동에 필요한 인적자원을 공급하는 것이 채용이다. 통상 기업에서 '인사관리'라고 하면 세 가지를 의미한다. 인적자원의 확보, 인적자원의 교육·개발, 인사제도 운용과 관리가 그것이다. 기업의 규모나 특성에 따라서는 교육·개발 업무를 별도 기능화하는 경우도 있지만 그것은 기능이 달라서라기보다 업무량이 많기 때문에 분리 운용할 뿐이다. 사람을 뽑아서 조직과 일에 맞게 교육시켜 조직에 투입해 운영하고 사람의 속성과 근무 결과에 적합한 처우나 보상, 승진, 이동을 시키는 것이 인사관리의 핵심 흐름이다.

이런 관점에서 본다면 교육이나 인사제도 관리는 채용의 후속 프로그램으로서 채용의 잘잘못에 따라 그 반향이나 여파가 감당하기 어렵게 변동한다. 즉 채용이 잘 이루어지면 교육과 인사관리도 수월해질뿐더러 조직의 성과도 향상되고 조직의 활력도 높아진다. 반대로 그렇지 못한 경우는 조직력을 갉아먹고 성과도 떨어지기 마련이다. 그래서 아무리 교육체계가 우수하고 선진 인사관리제도가 있다손 치더라도 조직에 진입하는 인력의 채용이 질적으로 적절치 못하면 조직은 조직력에 손상을 입을 수밖에 없다. 속된 말로 '걸레는 아무리 빨아도 걸레' 라는 이야기가 있다. 잘못 채용한 인력은 아무리 수준 높은 양질의 교육을 시키고 최고의 대우를 해준다 하더라도 인성이 나아지기란 정말 어렵다는 뜻이다.

따라서 기업 입장에서는 채용에 최고의 노력과 정성을 기울일 수밖에 없다. 물론 채용전형만으로 조직과 일에 적정한 인력을 완전히 가려내기란 현실적으로 불가능하지만 그래도 최선의 노력을 다할 수밖에 없다. 대체로 채용이 인력관리의 시작이고 핵심이라고 판단하는 경영자들은 열 일 제쳐놓고 채용 면접에 직접 참여한다. 필자가 생각할 때도 채용보다 더 중요한 일은 현실 경영에서 별로 없다. 실제로 고(故) 이병철 삼성 선대회장도 면접에 직접 참가했고 다른 경영자들도 대부분 그렇다. 기업 경영에 가장 중요한 일을 부하에게 맡기고 다른 일에 몰입한다면 장기적으로 강한 조직력을 다지기는 불가능할뿐더러 경영자의 시간 자원을 효율적으로 운용한다고 볼 수도 없다. 아울러 경영자가 면접에 직접 참가해야 다른 핵심 스태프들도 그 일을 중요하게 생각하고 참여를 주저하지 않게 된다.

필자는 한 해에 1천 명이 넘는 인력을 채용해본 경험이 있다. 그렇지만 바로 그 다음 해에 IMF가 닥쳐 경영이 현저히 위축될 수밖에 없는 상황을 맞닥뜨렸고 전해에 채용한 수만큼의 구조조정을 할 수밖에 없었다. 경영에 긴박한 상황이 발생했기 때문에 관계기관에서도 어느 정도는 용인했지만 대량의 인력을 구조조정한다는 것은 인사부서는 물론이고 관련 부서장이나 구조조정 당사자였던 나로서도 참으로 받아들이기 어려운 결정이었다. IMF 시절 어쩔 수 없이 해고되어 거리에 내몰린 수많은 사람들이 있었고 당시 그 일을 주도할 수밖에 없었던 인사부서장으로서 안타깝고 죄송한 마음 금할 길이 없었다. 하지만 이런 경험 덕분에 그 이후로는 채용 규모나 채용 여부를 결정하는 것이 기업 입장에서나 개인에게 얼마나 중요한지를 깨닫게 되었다.

잘못된 채용은 되돌릴 수 없다

우리나라의 근로기준법상 해고는 극히 제한된 이유에서만 가능하다. '경영상의 긴박한 이유'가 전제되어야 하고 '해고가 유일한 방법'인 경우만 가능하다. 보통 경영자는 근로자를 마음대로 해고할 수 없다. 전 세계적으로도 유래를 찾기 어려울 정도로 근로자 보호에 위력을 발휘하는 강한 법규가 기업 경영을 지배하고 있다. 따라서 잘못 채용되어 기업에 해악을 끼치거나 생산성을 극도로 저하시키는 인력이라 하더라도 해고가 현실적으로 매우 어렵다.

기업 입장에서는 채용을 잘못하면 끝까지 그 후유증과 부작용이 따라다니기 때문에 엄정하고 세밀한 관찰과 판단으로 적합한 인재를 찾아야 한다. 그래서 기업 경영에서 채용을 더 중요하게 생각해야 하는 것이다. 필자의 경험상 기업에 채용되어 근무하는 인력 중에 평균적으로 약 10%~20% 전후는 기업에 부적합한 성향과 특성을 가지고 있다. 하지만 채용 당시에 이런 특성을 가려내기는 매우 어렵다. 아무리 정밀한 채용관리 툴(tool)을 쓰더라도 개개인의 숨겨진 특성을 다 파악하기 어렵다. 그런 이유로 적합지 않은 인력이 채용되어 기업에 들어오면 기업 입장에서는 참으로 곤란하다. 적합한 직무가 없어 대기발령을 내고 여기저기 한직으로 돌려도 스스로 퇴직하지 않으면 강제로 퇴출시킬 방법은 없다.

사실 이런 문제가 채용 초기에 발견되면 본인이 스스로 다른 기업으로 전직을 하는 등 이런저런 방법을 찾지만, 4~5년 지나서 발견되면 기업이나 개인이나 서로가 힘들어진다. 한 직장에서 몇 년을 근무한 사람은 조직과 일이 자신의 적성에 맞지 않음을 깨달았다고 하더라도 선뜻 다른 조직으로 옮기지 못한다. 우리나라의 노동인력시장은 서구 선진국에 비해 매우 폐쇄적이고 닫혀 있는 편이라 다른 조직으로의 이동이 생각보다 어렵다. 그러다 보면 적성에 맞지 않은 조직에서 원하지 않는 일을 할 수밖에 없다. 이런 상태가 지속되면 조직이나 본인이나 심각한 상태에 도달하지만 마땅한 방법이 없다 보니 어정쩡하게 세월을 보내고 당사자 입장에서도 의욕과 활력이 떨어지는 직장 생활과 인생을 꾸릴 수밖에 없다. 서로 도움이 안 되는 것을 뻔히 알면서도 헤어지기가 어려운 게 우리의 현실이라 채용과 취업이 중요할 수밖에 없다.

한 사람이 만 명을 먹여 살릴 수도, 회사를 망하게 할 수도 있다

사람의 열정과 근성 등 정신적 능력은 물리적, 객관적 계측이 매우 어렵지만 그 결과의 차이는 엄청나다. 어떤 사람을 채용하면 만 명을 먹여 살릴 창의력과 성과를 발휘하는 자산이 되는 반면 어떤 경우는 처치 곤란한 부채로 분류된다. 더 나빠지면 기업을 망하게 만드는 요인이 되기도 한다. 그래서 기업 입장에서는 기업의 특성에 적합하고 열정과 능력이 우수한 인재를 채용하는 일이 매우 중요하다. 그러나 면접이나 인성·적성검사만으로는 미래에 자산으로 분류될지, 부채로 분류될지를 사전에 정확히 알 수 없다. 누구나 입사를 지원할 당시는 의욕적이고 열정이 있어 보이기 때문이다. 설사 마음속에 그런 의지나 능력이 없다손 치더라도 취업을 위해 능력이 있는 것처럼 위장하는 지원자도 적지 않다. 그래서 인재의 정신적인 능력을 가려내는 일은 어떠한 일보다 중요하다고 판단해야 한다.

오늘, 내일, 하루하루가 기업의 생존과 발전을 위하여 소중한 시간인데 일과 조직에 열정적으로 달려드느냐 그렇지 않느냐는 기업의 존망을 좌우할 수도 있다. 물론 거대기업에서는 한두 사람의 게으름이나 실수가 큰 변수가 아닌 경우도 있지만 작은 실수 하나로 큰 둑이 무너지듯이 한 사람 한 사람이 기업 경영에서는 중요하다. 어떤 사람이 기업의 부채로 분류되면 그 한 사람의 문제로 끝나지 않는다. 이 부채를 관리하고 고민해야 할 관리자가 필요하기 때문이다. 그래서 기업은 자산으로 분류할만한 재원들을 많이 확보하고 부채로 분류될 자원을 최소화해야 생존과 발전에 유리하다.

2 사람을 뽑는 기업은 어떤 곳인가

왜 사람을 뽑으려 하나

기업이 어떤 사람을 왜 뽑는지 제대로 알기 위해서는 기업의 본질과 구성상의 특성을 이해할 필요가 있다. '지피지기면 백전백승'이라는 격언이 있다. 전형 절차가 지원자의 입장에서는 한바탕 전쟁이나 마찬가지니 상대방(기업)에 대한 정확한 이해가 선행되어야 한다. '왜 나에게 이런 질문을 던지고 개인의 능력과 성격을 왜 파악하려고 할까'를 알려면 기업은 어떤 존재인가를 먼저 알아야만 그 질문, 전형의 이유, 원하는 인재상의 근거를 알 수 있다. 그래야 지원자는 적합한(면접위원이 요구하는) 정답을 찾아낼 수 있고 답변할 수 있는 것이다.

　또한 그런 의중을 간파해야 합격은 물론 나중에 조직에 적응하기도 용이하다.

어떤 조직이든 사람들로 구성된다

　기업이나 여타 다른 조직들도 적게는 1인에서부터 많게는 수십만 명의 사람들로 구성된다. 기업의 본질이나 정의를 논할 때 가장 우선되게 염두에 두어야 할 것이 사람들로 이루어져 있다는 사실이다. 그래서 기업의 성장과 발전에서 사람 이야기를 빼면 그 논의가 극히 제한적이기 마련이다. '인사가 만사'라는 이야기도 이를 중요시해야 한다는 이치에 다름 아니다. 사람이 없거나 활동이 없는 조직을 일컬어 '유령회사'라고 한다. 대체로 기업이란 개인 혼자서 이루는 성과의 합보다 훨씬 더 큰 성과를 목적으로, 다수의 사람이 결합된 전략적 제휴 관계다. 경영을 하기 위해 물자, 자금, 정보 등 여러 종류의 자원이 필수적으

기업이 일을 하는 게 아니라 사람이 일을 한다는 것은 꼭 기억해 두어야 한다.

로 소요되지만 사람 없이는 이런 자원들도 운용될 수 없으므로, 사람이란 자원이 가장 중요하고 핵심적인 존재이며, 또한 사람들로써 나머지 경영 자원들을 컨트롤한다. 따라서 사람을 채용하는 일, 특히 조직에 열정적이며 업무 수행 능력이 우수한 인재를 확보하는 일은 경영 활동 중에 최고로 중요시해야 할 업무다.

혹자는 어떤 사람들로 구성되어 있는가가 기업 성공의 60% 전후를 좌우한다고 주장한다. 필자는 열정과 근성 등 인성의 차이가 당장은 드러나지 않거나 미미해 보여도 10년 후에는 10배 이상의 성과 차이를 만드는 경우를 보았다. 결과적으로 본다면 어떤 사람이 들어오느냐에 따라 회사가 우수 기업이 되기도 하고 문을 닫기도 한다. 그런 만큼 채용은 가장 중요한 일이다. 최고경영자가 관심을 가지고, 가능하면 직접 참여하려는 이유도 여기에 있는 것이다. 기업 입장에서는 직무 수행 능력 못지않게 인간관계나 팀워크 형성 능력, 친화력, 열정과 근성, 의사소통 능력 등은 반드시 체크해 보아야 할 채용 전형의 필수 항목이다.

미리 정해진 뚜렷한 목적이 있다

기업을 포함한 모든 조직은 만들어진 목적이 있다. 목적 없이 만들어진 조직은 없다. 목적이 있기 때문에 뜻을 같이하는 사람들이 모여 집단을 구성하는 것이며 집단으로 활동해야 더 유리하기 때문에 조직을 구성하는 것이다. 대체로 기업은 해당되는 업종이나 산업에서 계속 생존(going concern)하고 성장 발전하는 것을 1차적인 목적으로 한다. 이는 행복하게 오랫동안 살고 싶은 인간의 욕구와 동일하다. 구체적으로 예를 들면 삼성전자는 전자산업에 대한 연구개발을 통해 더 좋은 제품을 생산·판매함으로써 더 많은 매출과 수익을 올리고, 기업의 가치를 더 높이며, 더 오래도록 생존하는 것을 본질적인 목적으로 한다.

이익을 목적으로 하지 않는 종교 조직이나 봉사 조직도 정해진 신념이나 가치를 기반으로 더 크게 더 오래 유지되고 발전하기를 원한다. 하다못해 조폭 같은 반사회적 조직도 구성된 목적과 취지가 있다. 그것이 설사 불법적인 것이라 해도 그렇다. 그 목적을 달성하는 데 유리한 자원을 확보하는 것이 조직으로서는 어쩌면 너무나 당연한 일인 것이다. 기본적인 생존과 성장을 위해서는 목표 지향적이고 열정적이며 적극적으로 조직에 애정을 보이는 인재 확보가 필수적이다. 회사들은 회사의 존립 목적에 기여하고 도움이 될 인재를 뽑고 싶어 한다. 회사 이름도, 무슨 제품을 판매하는지도 모르고 단지 취업만을 위해 찾아오는 자원을 골라내는 면접이 그래서 중요하다.

정의된 바운더리(경계)가 있다

조직의 특성 중 하나는 그 목적에 합당한 고유의 영역이 있다는 것이다. 우리나라 조직 중에 가장 큰 조직은 전 국민을 구성원으로 하는 '대한민국'이라는 조직이다. 대한민국이라는 조직의 구성원이냐 아니냐의 여부는 '주민등록증'이라는 증표로 입증할 수 있다. 그리고 대한민국의 구성원에게 가장 기대하는 본질적인 가치는 책임과 의무를 다하는 애국심(충성심)이다. 소속된 조직에 충성한다는 것은 경계의 밖에는 상대적으로 무심하다는 것이다.

필자가 다니는 하계동성당은 하계동에 거주하는 가톨릭 신자들을 그 구성원으로 한다. 이렇듯 모든 조직 간에는 경계가 있고, 그 경계를 기준으로 조직원인가 아닌가를 판단하며, 구성원들이 그 조직에 얼마나 충성심을 가지고 있느냐가 그 조직의 조직력을 판단하는 중요한 요소다.

기업은 그 영역과 구성원을 하나의 구성체로 한다. 영위하는 업종이 있고 구성원을 하나의 단위로 묶어놓은 규정이나 원칙이 있다. 회사에 소속된 사원들은 '사원증'을 받거나 사원 신분임을 입증하는 증표를 가진다. 이렇게 구분하는 이유는 그 조직에 소속된 구성원으로서 누리는 권리나 이익에 앞서 기본적인 의무나 역할이 있기 때문이다.

기업은 충성심과 소속감을 가지고 자신의 범위로만 매진할 인재를 찾는다. 조직 이기적이라고 생각할 수도 있지만 소속된 조직에 대한 지향성이 부족하면 조직원으로서의 가치나 위치도 흔들릴 수밖에 없기 때문이다. 회사·조직에 강한 충성심을 가지고 열정을 바치는 사람과 그렇지 않은 사람 간에는 엄청난 성과 차이가 발생한다. 그래서 그 기업(조직)에 대하여 얼마나 알고 있고 애정을 가지고 있느냐가 면접할 때 판단하는 요소 중 핵심이다.

기업은 살아 있는 생명체다

기업도 생로병사를 겪는다. 창업할 때는 새싹과도 같이 생명력을 가지고 쑥쑥 성장하지만 일정 기간 그대로 방치하면 늙고 병들어 생명을 다한다. 그래서 기업의 평균수명은 30년이라는 말이 있었다. 지금은 기업의 수명을 5년 정도로 아주 짧게 보기도 한다. 아마도 5년 정도를 아무 혁신 노력 없이 지내고 있는 기업이라면 벌써 소멸해가고 있는 중일지도 모른다. 삼성 같은 조직은 70년의 역사를 가지고 있지만 늘 새롭게 태어나고 있기 때문에, 70년 전에 탄생한 노화된 조직이 아니고 나날이 우일신 하고 있는 튼튼한 젊은 조직의 특성을 유지하고 있다. 삼성 이건희 회장이 자나 깨나 혁신과 변화를 당부하는 이유도 이와 다름 아니다. 따라서 삼성이라는 이름만 사용할 뿐이지 속은 완전히 매일매일 바뀌고 진화하기 때문에 지금까지도 건강하게 잘 생존하고 있는 것이다.

휴대전화 시장의 지존으로 전 세계 50%가 넘는 시장점유율을

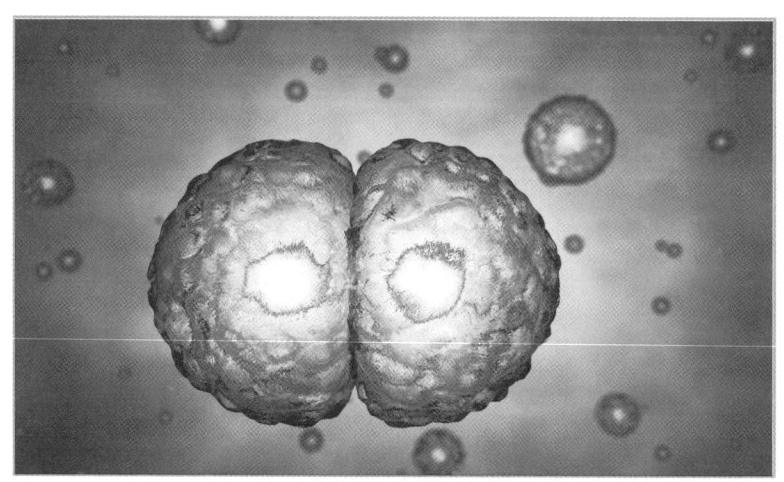

새로운 세포를 받아들여야 기업이 성장한다.

자랑하던 '노키아'는 스마트폰으로의 시장 진입이 늦어져 시장점유율이 곤두박질치더니 삼성에게 1위 자리를 넘겨주고 말았다. 카메라 산업의 선두였던 '코닥'도 디지털 카메라가 자기 시장을 잠식할까 봐 주춤거리다 문을 닫았다. 영원히 꺼질 것 같지 않던 신화의 '소니'도 우리나라 삼성, LG에 자리를 내어주고 2011년 한 해 2조 원이 넘는 손해를 내며 휘청거리고 있다. 이런 세계 최고의 기업들은 건강에 대한 자만심을 가진 사람과 유사한 행동을 보인다. 20~30대 때는 꺼질 것 같지 않은 팔팔함으로 지칠 줄 모르고 달려가지만 어느새 나이가 들면, 젊었을 때와 똑같이 행동했는데도 다리를 다치고 팔의 인대가 늘어난다. 그런 사고를 경험하면서 나이가 들어감을 깨닫는다. 필자도 40대 후반에 몸이 나이 든 것을 모르고 무리하게 운동하다가 아킬레스건이 끊어진 적이 있었다.

조직도 자신을 알기가 무척 어렵다. 노키아나 소니도 최고의 자리에 올랐기 때문에 자만심을 가질 수밖에 없었고 스스로의 문제를 깨닫기가 만만치 않았다. 문제는 조직이란 한 번 시동이 꺼지면 새롭게 불을 붙이고 정상 궤도에 다시 진입시키는 데 힘이 너무 많이 드는 구조로 되어 있다는 점이다. 구성원들도 위축되어 조직력 자체가 급속히 떨어지므로 경영자의 판단과 열정이 참으로 중요하다.

기업이 혁신과 창의성을 강조하는 이유도 기업의 수명을 계속 연장하고 나아가 새롭게 탄생하기 위함이다. 거대 기업 입장에서 개개인은 작은 세포 하나에 불과할 수도 있지만 각 세포가 얼마나 건강하고 생존력이 강하냐에 따라 큰 유기체의 건강과 생명도 좌우된다. 그래서 기업은 정기적으로 싱싱하고 씩씩하며 에너지가 넘치는 인력(세포)을 새 식구로 받아들여야 조직의 건강을 유지할 수 있다. 아울러 노화된 세포는 순차적으로 이탈시켜야 평균 연령을 낮추고 젊음을 유지할 수 있다. 이는 소나무의 노화된 바깥 껍질이 정기적으로 떨어져 나가야 속에서 새살이 돋아나는 이치와 유사하다. 생명에 신진대사가 필요하듯이, 기업에서는 젊은 신입 인력의 지속적인 채용과 노령 인력의 적절한 퇴직이 필요한 것이다.

끊임없는 생존경쟁 속에 놓여 있다

기업이나, 개인이나 생존 과정 자체가 투쟁이다. 살아남고 더 성장 발전하기 위해 벌이는 전쟁과도 같다. '졸면 죽는다' 는 말은 전장에서만 사용되는 경구가 아니다. 기업도 잠깐만 방심하면 꼴찌로 추락해 몰락의 길을 걷게 되고 수명을 다한다. '2등은 아무도 기억하지 않는다' 는 말과 같이 늘 이기려는 의지와 노력, 살아남으려는 투지가 있어야 치열한 생존경쟁에서 계속 살아갈 수 있다.

필자가 좋아하는 격언 중에 '성공을 위한 오르막길은 늘 힘들다. 만약에 열심히 걸어가고 있는데도 피곤하지 않다면 그것은 내리막길을 가고 있는 것이다' 라는 말이 있다. 사람이나 기업이나 성공과 발전은 스트레스를 동반하고 힘든 생존경쟁을 통해서만 이루어진다. 기업이 조직에 들어와서 무위도식으로 살아가려는 직장인을 싫어하고 기피하는 이유가 바로 여기에 있다. 투지와 생존력으로 뭉쳐진 조직만이 새로운 미래를 열어가고, 살아남을 수 있다. 그런 의미에서 기업의 인재상에 반드시 포함되는 조건이 투지와 근성, 스트레스 내성 같은 특성들이다.

변화와 혁신을 생명 유지와 성장의 활로로 쓴다

기업의 수명에 대해 앞에서 언급했지만 변화와 혁신이 없다면 기업은 정해진 수명을 다하고 사라질 것이다. 새로운 상품을 개발하고 새로운 비즈니스를 창안하여 거듭 새로운 몸으로 탈바꿈하려는 지속적인 노력이 있어야 생명을 유지 발전시킬 수 있다. 기업은 현상 유지를 목적으로 하는 관공서나 정부조직 등과 같은 비용소모조직(cost center)이 아닌 새로운 변화나 혁신을 통해 부가가치나 이익을 만들어 내야 하는 이익창출조직(profit center)이다. 때문에, 창의성이나 혁신 능력이 뛰어난 구성원들로 동태적인 경영 기업 활동을 해야 수명이 연장되고 새로운 생명력을 얻을 수 있다. 기업의 평균적인 수명이 있지만 이를 극복하고 영생하기 위해 매일매일 새롭게 태어나야 한다. 변화와 혁신으로 새로운 환경에 맞게 진화하는 것이다. 변화와 혁신이 없는 세포들이 많아진다면 수명은 단축될 수밖에 없다. 기업이 사람을 채용하는 이유는 이러한 창의력을 갖춘 도전적인 생명체를 이식받고 싶은 욕망 때문이다. 연예기획사나 엔터테인먼트 업종에서는 40대도 노인으로 본다. 20대 이하는 새로운 발상과 기발한 아이디어가 가능하지만 30을 넘어 40까지 가버린다면 새로운 창의력은 불가능하다고 생각하기 때문이다.

개인과 기업의 목적이 정확히 일치하지 않는다

개인은 직장을 급여나 보수를 받으면서 사회발전이나 자신의 성취욕을 충족하는 곳으로 생각하지만, 기업은 개인의 성취보다는 기업 자체의 생존과 성장을 지향하는 본능을 가지고 있다. 기업이 개인에게 보수와 처우를 제공하는 이유는 기업의 생존과 발전에 적극적으로 참여하기를 기대하기 때문이다. 다양한 생존 위협 요소가 있는 상황에서는 개인별 생존보다 집단 생존이 쉽고, 효율성 면에서는 분업을 통하는 것이 더 좋다. 시너지효과가 발생하기 때문에 기업도 대규모로 구성원을 늘려간다. 따라서 기업과 그곳에 취업하는 개인은 서로 상치되는 목표를 가질 수도 있지만 그런 부분이 최소화되도록 조직을 구조화하고, 원하는 마인드를 가진 개인의 참여를 기대한다.

개인을 조직의 목표로 유인하는 장치들이 인사제도다. 열심히 조직에 기여하면 개인에게 처우 개선이나 승진, 복지 혜택이 돌아가도록 인사제도를 운영함으로써 조직과 개인 간의 상치된 목표 사이의 균형점을 찾아주고 목적의 합치를 이루어간다.

| 기업 조직의 본질에서 기인하는 요구 인성 |

사람으로 구성	인간관계 능력, 친화력, 의사소통 능력, 팀워크 형성 능력
존립 목적의 존재	목표지향성, 열정적, 조직에 대한 애정, 적극성
정의된 경계	조직에 대한 소속감, 충성심, 책임감
살아 있는 유기체	생명력, 활력, 에너지, 도전정신
생존경쟁 상태	투지와 근성, 스트레스 내성
변화 · 혁신지향	창의력, 적응력, 집중력
조직과 개인의 불일치	균형감각, 양보심, 희생정신

이러한 기업 조직의 특성으로 인해 기업에서 필요한 인재상이
정해지고 그런 인성을 갖춘 인재를 뽑고자 하는 기업들의 노력은
어쩌면 너무나 당연하며 기업이 지향해야 하는 본성이다.

3 회사는 면접 과정에서 무엇을, 왜 알고 싶어 하는가

회사에 도움이 되는 열정과 능력

면접이든 서류전형이든 사람을 선발할 때 기업이 개인을 바라보는 관점은 결국 기업에 입사하여 다른 구성원들과 어울려 좋은 성과를 만들 수 있는 사람인가 여부다. 개개인의 업무 성과란 개인의 태도와 능력에 따라 결정된다. 외부적인 환경 요인을 제외하고 내부적인 요소만 본다면 그렇다는 것이다. 즉, P = A ± A라는 등식이 성립한다. PERFORMANCE(성과)는 ABILITY(능력) ± ATTITUDE(태도)인 것이다. 성과란 개인이 보유하고 있는 전문 능력에다 개인이 가지고 있는 태도가 혼합되어 나타난다는 가설이다. 좋은 태도를 가지고 있으면 보유 능력에 플러스 요인이 되어 성과가 더 커지고 나쁜 태도를 가지고 있으면 자신이 보유한 능력보다 낮은 성과가 도출된다.

예를 들면 열정적인 자세를 가지고 있고 전문 능력이 뛰어난 사람은 더 좋은 성과를 낼 가능성이 크지만 전문 능력이 우수하더라도 소극적이거나 부정적인 성향을 가지고 있다면 기업이 원하는 성과로 실현되기가 난망한 것이다. 여기서 태도 요인이란 결국 인성을 의미한다. 그래서 기업들은 능력뿐 아니라 나아가 능력을 더 키워갈 수 있는 열정과 근성, 어울려 일할 수 있는 책임감, 희생정신 등의 인성 요소들을 중요한 요인으로 보고 면접에서 집요하게 확인하려고 하는 것이다.

능력의 수준이란 오십보백보

필자는 수천 명의 인력을 관리하며 일이나 조직에 대한 열정이 왕성한 사람과 그렇지 않은 사람과의 성과 차이가 작게는 2~3배, 크게는 13배까지 벌어지는 것을 목격한 바 있다. 물론 능력이라는 요인을 고려하지 않은 결과다. 그러나 능력이란 한꺼번에 육성된다기보다는 천천히 축적되는 개념이므로 능력 있는 사람보다는 열정적인 사람을 뽑는 것이 조직 입장에서 성과 창출과 조직 발전에 훨씬 더 유리하다.

능력을 갖추고 거기에다 열정까지 갖추고 있으면 더할 나위 없이 좋은 자원이다. 하지만 능력이 다소 부족하더라도 열정적인 성격을 가지고 있으면 그 약점을 스스로 보완해나가는 것도 많이 보았다.

신입사원의 경우, 업무 수행에 필요한 능력의 수준이란 '오십보 백보'이기 때문에 더욱더 열정을 갖추고 태도가 모범적인 자원을 뽑고 싶어 함은 당연하다. 이러한 면접의 키포인트는 입사 후의 근무성적 평가(고과)에도 그대로 투사된다. 즉 개인에 대한 평가항목은 태도와 능력, 성과가 주요 항목인 것이며, 근무성적 평정제도에서 태도고과, 능력고과, 성과평가가 바로 이러한 성과 등식을 반영한 것이다.

4 기업이 가진
20대에 대한
선 입 관

부모 세대와 자식 세대의 차이

과거 기업과 지금 기업은 상황이 다르고 면접 지원자들의 성향
도 많이 달라졌다. 최근 인력들은 핵가족 속에서 성장했으며, 경제
적으로는 부유해진 탓에 조직 생활에 부적합한 성향을 띤 사람이
늘어났다. 즉, 개인과 조직을 둘러싼 환경이 급속하게 질적인 변화
를 일으켰기 때문에 과거 면접위원이 입사하던 시절과는 판이하게
달라졌다는 것이다.

고도성장기에는 기업들이 많은 인원을 뽑았기 때문에 이런저런
개개인의 특성을 가려내 적합한 자원을 선별한다기보다 부적합한
자원만 가려내는 정도로 면접을 진행했다. 그러나 산업이 성숙기에

접어든 지금은 많은 수보다는 확실한 소수를 채용하는 방향으로 바뀌었다. 그런 이유로 개개인들을 찬찬히 살펴볼 시간적 여유도 생겼고, 아울러 시대의 변화에 따라 과거의 잣대로 판단할 수 없는 사항들도 많아졌다. 예를 들면 과거 대가족에서 생활했던 아이들은 가정에서 이미 작은 규모이지만 조직이라는 것을 경험했다. 형과 누나가 있고 어른과 아이가 있었다. 그런 상황이라면 조직의 구조나 생태, 조직 내에서 행동이나 말을 어떻게 해야 하는지 사전에 미리 배울 수 있었다.

그러나 지금은 핵가족 상태에서 기껏 한두 명의 형제나 자매가 생활하기 때문에 단체 생활에서 필요한 자질이나 자세를 가정에서 배우지 못한다. 그래서 기업에서는 면접 때 조직 생활에 필요한 인성을 갖추고 있는지에 대한 판단을 정밀히 하고 싶어 한다. 이 장에서는 우리 사회나 기업에 40~50년간 어떤 변화가 진행되었고 우리 자녀들은 어떤 상황을 겪었는가에 대하여 설명하고자 한다. 그래야만 최근 면접, 특히 인성면접에서 면접관들이 무엇을 질문하고 싶은 건지, 무엇을 알아보려 하는 건지 이해할 수 있기 때문이다.

최근 50년간 한국 사회의 주요 변화

●●● 농업사회에서 산업사회를 거쳐 지식정보화사회로 진화

1960대에 조사한 산업별 인구나 GDP를 살펴보면 지금과 판이

하게 다르다. 1960대의 우리나라 농업종사자 인구와 총생산액은 전체의 60%를 넘었다. 거의 농업국가 상태였다. 다른 나라도 대동소이했지만 특히 우리나라는 농업에 종사하는 인구가 많았다. 2010년의 농업인구는 우리나라 총인구의 3%에 불과하다. 50년의 세월을 축약해서 본다면 상전벽해를 넘어 천지개벽의 변화인 셈이다. 문제는 이런 변화 속에서, 과거 농경사회에서 교육받았던 사람(지금의 면접위원)들이 엄청나게 변해버린 사회구조를 완전히 받아들이지 못해 자신이 경험하고 체화한 과거의 인재상을 100% 잊지 못한다는 것이다.

필자가 어린 시절에는 기업이라 해봤자 은행을 제외하고는 극소수에 불과했고 국민의 반수 이상이 농사에 종사했다. 봄에는 논을 갈아 준비하고, 5월경 모를 심고, 여름에 가꾸고, 가을에 추수하는 일반적인 벼농사가 우리나라 사회생활의 주류를 이루었다. 모심기나 벼 베기 철에는 초등학생이었던 필자까지도 '영농휴가' '가사실습' 같은 휴가를 받았다. 즉, 집안이 농사일로 바쁘니 학생들에게도 휴가를 주어 집안일(농사)을 돕게 했다. 또한 초등학교 졸업식 때 개근상이나 학업우수상의 부상으로 '삽'과 '호미' 등의 농기구를 받았던 기억이 새롭다.

아마도 요즘 이런 상품을 부상으로 준다면 다들 우스워할 것이나 당시에는 집안일에 필요한 농기구를 최고로 선호했다. 그러다보니 인재상이나 특성도 농사일에 적합한 인성을 최고로 쳤고 자연스레 그런 능력들이 배양되었다. 예를 들면 성실성이나 책임감, 근면성이 농경사회에서는 최고의 인성 가치였다. 당시 표창장이나 상장의 문구를 보면 대부분 '귀하는 품행방정하고 근면 성실한 성품으로 맡은 바 학업·업무를 책임감 있게 수행하여'로 시작했다. 즉 당시의 인재상은 집단적인 영농에 필요한 사람의 특성인 근면성, 성실성, 책임감, 희생정신, 상경하애 등을 갖춘 사람이었다.

왜 그런 가치관이 농경시대의 인재상이 되었는지를 살펴보자. 지금 세대들은 구경하기 어렵겠지만 20~30년 전에는 모심기를 하는 풍경을 흔히 볼 수 있었다. 50명 또는 100명 가까운 사람들이 별러 놓은 논 가운데 줄지어 서서 모심기를 했다. 이런 모심기에서는 능력이 월등한 한두 명이 필요한 것이 아니라 제 시각에 지각하지 않고 참여하고, 제자리에서 남에게 피해 주지 않고 줄 맞춰 자신이 맡은 일을 잘해내는 것, 또 옆 사람이 부실하면 도와서 같이 공동과업을 잘 완수하는 것이 가장 중요한 가치였다. 현재 면접관의 주류를 이루고 있는 세대들은 이런 농경사회를 직간접적으로 경험한 세대들이다.

그들(면접관)이 지금 농사를 짓고 있는 것은 아니라 하더라도 적어도 이들의 머릿속과 가슴속에는 근면 성실함 그리고 책임감이 강한 사람이 필요한 인재라고 생각하는 기준이 일정 부분 자리 잡고 있다. 하지만 우리 자녀들은 농경사회를 경험할 기회가 거의 없었고, 구경조차 해본 적이 없을 만큼 생소하다. 요즘은 비닐하우스에서 과일이나 채소가 재배돼 제철이 따로 없다. 수박이 겨울철에 나고 딸기가 가을에도 나오기 때문에 농사나 농산물에 대한 이해도가 아주 낮다. 그러다 보니 농사에 필요한 사회적 인재상을 알지도 못할뿐더러 그 취지나 필요성도 알 수가 없다. 기껏 부모로부터 푸념처럼 들은 약간의 지식과 학교에서 지나가며 배운 지식이 전부인 셈이다.

요즘 우리나라의 산업구조를 보면 2차, 3차 산업이 주류이고 그런 중심축도 끊임없이 변화하고 있다. 지구촌을 하나로 묶는 인터넷망이나 검색엔진, 무료SNS서비스 등으로 정보화사회가 무르익었다고 볼 수 있다. 사회나 산업의 중심축이 변화됨으로써 요구되는 인재상도 판이하게 달라졌다. 근면 성실성은 이제 지나간 가치관으로 치부되기도 한다. '농업적 근면성'이라는 지칭으로 근면성 자체를 가치가 적은 덕목으로 폄하하기도 한다. 아무런 창의적인 사고 없이 시키는 대로 열심히만 하는 상태를 의미하는 '농업적 근면성'을 요즘에는 가치 있는 자질로 판단하지 않는다.

하지만 농경사회의 가치관을 어느 정도 가진 사람이 정보화사회에서 성장한 사람을 면접하고 판단하다 보니 서로 상반되는 생각을 한다. 그래서 지원자들은 피면접자의 입장에서만 세상을 바라보고 판단할 것이 아니라 면접관의 특성과 성향도 대략적으로나마 파악해두는 것이 유리하다. 면접은 피면접자의 생각이 아니라 면접위원의 판단으로 합격 여부가 결정되기 때문이다. 아무리 내(지원자)가 훌륭해도 면접관이 선택하지 않으면 선발될 수 없다. 이런 점에서는 농경사회를 경험한 아버지나 삼촌과의 대화가 의외로 유익하다. 대부분의 면접위원은 아버지나 삼촌 세대의 의식과 가치관을 가지

지원자는 농업시대의 근면성이 몸에 배어 있는 면접관을 상대해야 한다.

고 있으니 말이다. 그러나 필자가 만나본 지원자 중 입사지원서를 작성하거나 면접을 준비하면서 아버지나 삼촌의 조언을 들었다는 사람은 거의 없었다.

사실, 잘 생각해보면 아버지나 삼촌들은 요즘 20대들이 면접 준비를 제대로 하기 위해 고를 수 있는 좋은 스파링파트너들이다.

●●● 대가족사회에서 핵가족사회로 변화

6 · 25 전쟁이 막 끝나고 전쟁으로 소실된 인구수를 보강(?)하기 위해 당시 엄마 아빠(베이비부머)들은 많은 수의 자식을 양산했다. 물론 그전의 부모들도 많은 수의 자녀를 생산했지만 먹을거리의 부족과 의료 설비의 미비로 상당수는 제대로 성장하지 못했고 영유아 시기에 사망했다. 그러나 이런 문제들이 1960년대 이후 점차 개선되면서 태어나는 자식들의 숫자는 줄지 않았고 생존율은 높아졌기 때문에 인구가 팽창했다. 당시 5형제는 평균이고 7~8명의 자녀를 둔 집도 적지 않았다. 또 다른 이유는 농경사회에서 아이의 수는 노동력의 양이었기 때문이다. 물론 그중에는 노동력에 도움이 되기는

커녕 밥만 축내는 '식충이'로 분류되는 이들도 적지 않았지만 말이다.

아무튼 농경사회에서는 물리적 일거리들이 많았기 때문에 대가족을 이루는 게 집단 생존에 절대 유리했고, 덕분에 좁은 국토에도 불구하고 많은 수의 아이가 태어났다. 1958년에는 물경 한 해에 82만 명이 태어나서 지금까지 연간 최고 출산 인원이라는 기록을 가지고 있다. 이들을 우리는 '58년 개띠'라고 부르기도 한다. 그 수가 너무 많다는 이야기다. 이들은 2012년 전후로 정년을 맞이하는 나이가 되었고 명퇴나 정리해고 등등의 이유로 실업자가 되기도 하고 향후 사회문제화될 소지를 안고 있는 것도 엄연한 현실이다.

1950년대 60년대에는 한 부부당 5명 전후의 자녀를 낳았고 우리나라 전체로 본다면 한 해에 70~80만 명씩 태어났다. 최근 최저 출산율을 기록했던 2008년의 42만 명에 비하면 2배 전후의 아이가 태어났던 것이다. 작금의 부부당 1.2명의 평균출산율로는 미래로 갈수록 인구가 감소할 수밖에 없다.

한 부부당 5명 전후의 아이를 낳을 경우 4촌까지 본다면 20명 전후의 아이들이 있었다. 4촌까지 한솥밥을 먹기도 하던 그 시절, 숫자가 많다 보니 집안 내 아이들 간에도 서열이 명확했다. 장손이면서 나이까지 많으면 확실히 존중받았다. 말하자면 당시 아이들은 집안에서 이미 작은 조직 구조와 특성을 경험하면서 성장했다는 이야기다. 어떤 경우는 자기 위치를 판단해 포기해야 할 일도 많았고 동생들은 형이나 언니가 입던 옷가지를 물려받아 입었으며 다 헤지

핵가족시대에 단체 생활을 할 기회가 줄어들었다는 것을 인정해야 한다.

면 기워서 입었다. 서열로 인한 서러움이나 조직의 쓴맛 단맛을 이미 집안에서 경험했던 셈이다. 물론 장남이나 큰형은 대우와 함께 가족을 부양하고 이끌어나갈 책임도 함께 받았다. 그래서 '맏이가 똑똑하고 잘살아야 집안이 화평하다'는 속담도 생겨났다.

이런 경험을 이미 가진 남자들이 성장하여 군대에 입대하면 자연스레 군기강도 잡히고 계급 간의 확실한 서열 의식도 별도 교육이 필요 없을 정도로 자연스럽게 잡혔다. 그런 반면 요즘은 형제가 1~2명이 고작이다. 도대체가 형·아우라는 의식도 별로 없다. 외동아들이나 외동딸이 그중 3분의 1은 된다. 그러다 보니 희생정신, 책임감 같은 조직 생활에 필요한 인성이 미리 계발될 소지가 별로 없다. 부모(특히 엄마)가 늘 가까이서 챙겨주고 자녀가 해달라는 건 다

해줄 수 있는 여건인 것이다. 그래서 자녀 입장에서는 집단을 위하거나, 남을 위해 봉사하거나, 희생하거나 하는 생각을 해볼 여지가 별로 없었다. 최근 신문에 엄마가 학교로 자기 아이를 야단친 선생님을 찾아가 머리채 잡고 싸우는 장면이 실렸다. 이런 환경에서 성장한 아이들이 남을 배려하고 존중하는 삶의 가치를 얼마나 알고 있을까 하는 의문을 기성세대는 가지고 있는 것이다.

많은 사람들이 서로 협업을 통해 성과를 만드는 조직 입장에서는 요즘 세태가 환영할만한 현상은 아니라는 의식을 가지고 있다.

●●● 절대빈곤국가에서 경제선진국으로 발전 도약

1960년대의 우리나라 국민 1인당소득은 겨우 160달러 정도로 세계에서 가장 가난한 나라에 속했다. 지금은 우리와 소득 수준을 비교할 수도 없을 만큼 한참 떨어지는 필리핀도 당시에는 우리보다 소득이 훨씬 높았다. 그러다 보니 당시 우리나라 국민들은 생존 자체가 목적이었다. 많은 자식을 낳아 놨지만 일일이 잘 돌보고 개인별로 좋은 옷과 음식을 챙겨줄 형편이 못 되었다.

지금은 사정이 판이하게 달라졌다. 세계 10위권의 경제대국으로 발돋움했고 인당 평균소득도 2만 달러를 넘어섰다. 평균소득으로만 따지면 개인별로 자동차를 구입할 수 있는 시대가 된 것이다. 물론 그런 와중에 심화되고 있는 부익부빈익빈의 현상은 문제로 인식해야 하겠지만 평균소득이 비약적으로 증대된 것만은 사실이고 아무도 부인할 수 없다. 또한 넘쳐나는 재화로 인해 우리는 '생산자'

중심이 아닌 '소비자' 중심의 시대에 살고 있다. 이런 평균적인 부의 증대로 현재의 부모들은 자식들이 원하는 것을 웬만큼은 들어줄수 있고 그런 환경에서 성장한 자녀들은 희생정신이나 인내심, 형그리 정신 등이 형성될 여지가 줄어들었다.

예전에는 월세나 전세방에서 숟가락, 젓가락 두 짝과 냄비 하나로 신혼생활을 시작하고 살림살이에 필요한 가재도구를 하나씩 모아가는 재미로 살았던 시대였다면 지금은 경제적으로 넉넉해진 부모님의 도움으로 집과 가전제품, 자동차 등 생활에 필요한 일체의가구나 도구들을 거의 다 갖추고 결혼하는 신혼부부가 태반을 넘는시대다. 부모 세대에 비하면 적어도 물질적으로는 아쉬울 것이 별로 없는 세대인 것이다. 이 점도 기업 입장에서는 달갑지 않은 요소중 하나다. 요즘 신입사원들은 인내심이 별로 없어서 조금만 서운하게 대하면 다른 회사로 도망갈 궁리를 하고 어려운 일을 안 하려고 하며 경쟁을 싫어하는 인성을 갖고 있다는 선입견이 있다. 요즘의 가족 구조나 가정 경제 여건과 무관하지 않다고 본다.

●●● **좌우(보수 · 진보)가 대립하는 양상**

먹고살 재화가 부족하던 시대에는 이념이라는 것을 사치로 알았다. 물론 당시에도 좌우가 없던 것은 아니었으나 생존이 중요했던시대이니 만큼 이념 논쟁으로 시간을 보낼 여건이 되는 사람이 적었다. 배부른 자들의 놀이이거나 아무리 노력해도 배부를 방법이없는 자들의 하소연과 한탄이었던 것이다. 다 그런 것은 아니지만 기업들은 대체로 성향이 보수에 가깝다. 기업 경영에 부정적인 영향을 주어 왔던 노사분규나 노동운동 등의 주도 세력이 진보 계열이기 때문이다. 과거에도 노사분규가 없었던 것은 아니지만 먹고살기 바쁜 시절이라 이런 운동을 의식화된 극소수의 전유물로만 알았다. 하지만 1987년을 기점으로 문민정부가 들어서고 국민들의 의식도 깨어났으며 경제적으로도 안정되어 가면서 '누가 얼마나 더 먹는가'와 '나는 제대로 대우받고 있는가' 등의 자아가 머리를 들고 일어나기 시작했다. 소위 '배고픈' 것은 참지만 '배 아픈' 것은 참지 못하겠다는 의식이 생겨난 것이다. 또한 사회의 발전과 다양한 가치관의 발현으로 세상이 복잡해졌다. 그만큼 기업에 들어오는 직원도 상사가 시키는 대로 순응하고 말 잘 듣던 과거의 직원이 아니라 개개인마다 생각과 의식이 다른 개체들로 인식해야 할 만큼 복잡해졌다.

그런 이유로 기업들은 그들의 성향에 부합하지 않는 인력이 입사하는 것을 꺼리게 되었다. 입사만 시켜주면 고마워했던 시절이 있었지만 이제는 그렇지 않다. 개개인이 근로자로서의 권익과 이익의 분배에 관심을 가지게 된 것이다. 아직도 분배보다는 성장을 더 지향해야 한다는 논리를 펴는 분도 있지만 사회 일각에서는 이제 분배가 공평하게 되어야 한다는 주장을 강하게 한다.

다양한 가치관 속에서 조직 발전에 적합한 가치관을 가진 사람을 뽑고 싶은 마음은 어쩌면 종업원을 장기간 고용하면서 급여를 제공하는 기업 입장에서는 당연한 것이다. 그래서 개인이 가진 가치관이나 의식에 대해 과거보다 예민하게 판단하고 더 강조한다.

●●● 여성의 사회적 역할 증대(모계사회로의 회귀)

원래 대부분의 동물사회는 모계사회다. 수컷은 생식을 위해 잠시 필요한 존재고 자식을 낳고 키우는 일은 온전히 암컷의 몫이었다. 하지만 인간을 비롯한 몇몇 종은 부계 사회로 유지된다. 인간이 한동안 부계 중심 사회로 이어져 온 이유는 수렵사회에서 농경사회로 발전하면서 남성들의 왕성한 외부 활동이 필요해졌고, 그에 따라 남성이 우위를 점하게 된 때문이다. 가족 단위로만 생존하는 대부분의 다른 동물의 생존 방식과 달리 씨족사회, 부족사회의 형성을 거쳐 국가 단위로, 더 나아가 지구촌이 하나 되는 글로벌시대로까지 인간 사회가 발전하면서 육아의 일차적인 책임이 없는 남자들에 의해 사회 구성과 통합, 유지, 발전이 주도되어 온 것이다. 따라서 기업 활동을 포함한 사회생활의 많은 비중을 남자들이 감당해 왔다.

또, 인간은 온전한 어른(성체)으로 성장하는 데 무척 오랜 시간이 걸리므로 모계로만 감당하기가 어려워 남자를 장기간 가정에 붙들어 두는 결혼제도가 만들어졌다. 보통 동물들은 태어나면 그날 스스로를 챙긴다. 말이나 소나 마찬가지다. 길어야 일주일이면 일어서고 스스로 먹이를 먹을 수 있다. 하지만 인간은 성인으로 성장하는 데 평균 23년이란 세월이 걸린다. 그동안 어미는 자식을 가까이서 직접 돌봐야 하기 때문에 가족들이 먹고살 식량을 구하고 자식

여성의 활발한 사회 진출은 면접관에게 낯선 상황일 수 있다.

의 안전 관리에 대한 책무를 아비에게 주는 결혼제도가 생긴 것이다. 이런 이유들로 부계사회가 약 4만 년 동안 지속되어 왔다. 인간의 역사 300만 년에 비하면 극히 짧은 시간을 부계사회로 유지한 것이나 그 기간이 꽤 오래 되었음은 사실이다.

현대는 한두 명의 아이들과 먹고살 방책을 구하는 게 그리 어렵지 않고 각종 가사도구의 발전과 사회복지 시스템의 발달로 여자가 집에 머물러 있어야 할 시간이 줄어들었다. 결과적으로 남자의 고유한 역할은 갈수록 미미해져 가고 있다.

집단보다 개체로 생존하는 의식이 동양보다 조금 더 발달한 서양에서는 자녀들이 18세만 되면 독립해 나간다. 우리보다 최소 5~6년은 먼저 독립해 나가는 것이다. 자녀 양육에 기본 목적이 있는 결혼제도 자체에도 우리보다 덜 집착한다. 프랑스의 영부인은 이제는 대통령의 부인이 아닌 동거인으로 자리매김 되었다. 그들은 우리와 같은 경직된 결혼제도에 얽매이지 않는 문화적 여건이 있다. 아마도 머지않은 시기에 우리나라에서도 결혼하는 부부보다 동거하는 남녀가 더 많아질지도 모른다. 벌써 사회 일각에 모계사회의 징후들이 뚜렷하다. 결혼제도나 일부일처제도 언젠가는 붕괴하거나 변모할 것이다. 대부분의 동물사회는 일처다부제나 다부다처제다. 우리의 세대는 아니라 하더라도 먼 훗날 수컷의 역할은 점점 줄어들어 그 필요성이 유지비용(?)보다 적다고 판단되면 수컷들은 암컷에 의해 생식만 하고 바로 쫓겨날지도 모른다.

얼마 전 여름철 모기를 쫓는 스마트폰 앱(bye bye mosquito)이 나왔는데, 이 앱의 원리는 수컷모기 소리를 흉내 내는 것이다. 수컷모기 소리를 들려주면 피를 빨던 암컷모기들은 즉시 도망간다. 사람을 무는 모기는 다 암컷성체인데 알을 낳기 위해 필요한 영양분을 얻으려고 동물의 피를 빤다. 암컷모기는 일생에 한 번 교미를 해서 수컷의 정액을 확보하여 몸에 저장한 후 필요할 때 꺼내 쓴다. 따라서 한 번의 교미 이후에는 수컷을 만날 필요성이 전혀 없기 때문에 암컷 입장에서는 수컷을 귀찮아하고 피하는 것이다.

한편, 여성이 오랫동안 우위를 지키고 있는 능력은 선별 능력이다. 말하자면 남자들보다 선택과 선별에 능하고 이를 즐겨한다. 쇼핑의 90%는 여성이 결정한다. 필자가 다니던 회사에서는 '근로자의 날'에 직원이 선물을 선택할 수 있는 혜택이 주어졌다. 선물이 여러 가지 있으면 결혼한 남자 직원의 90% 이상이 아내에게 물어보고 결정한다. 남자가 결정하는 것은 전자제품과 자동차 등의 기계 전자류에 불과하고 나머지는 거의 여자가 결정한다. 심지어 남자가 입는 옷가지도 여성이 결정한다. 필자는 양복이나 와이셔츠류를 직접 구매해본 기억이 없다. 집사람이 구매해 와서 입혀보고 아니면 바꾼다. 이런 경우 남자는 거의 '옷걸이' 내지는 여자의 쇼핑놀이에 '교보재'로 활용되는 정도의 역할을 수행한다. 따라서 인류의 반이 여자이고 그들의 선별 능력이 가정의 의사결정에 절대적으로 중요하다면 유효구매자의 90%가 여자라고 보아야 한다.

우리가 생산하는 재화의 구매 여부를 90% 정도 여자가 결정한다면 여성의 심리나 여성의 상태, 취향이 마케팅의 중요한 포인트다. 그래서 의도적으로 여성을 채용하고 관련 부서에 배치해야 한다. 아울러 서비스업 중에 방문판매업은 여성에게 매우 유리하다. 남자가 아파트를 방문했을 때 문을 열어줄 확률보다 물리적인 위험이 상대적으로 약한 여성이 방문했을 때 문을 열어줄 확률이 3~4배는 높다. 그 이유 때문에라도 여성의 전략적 채용이 요망된다. 삼성은 이런 이유 등으로 신입사원 중 여성을 30% 전후 비율로 채용하도록 의무화하고 있다.

인간 사회에서 이런저런 이유로 여성의 사회 진출과 활동이 일반화되고 여성 보호가 법제화되면서 기업들도 상응한 조치들을 해야 했고, 채용에서 일정 부분 여성에게 T/O를 할당하는 방식으로 순응하고 있다. 18대 대통령으로 여성이 취임했으므로 이러한 현상은 더욱 가속화될 것임은 뻔한 이치이다. 면접장에서 보아도 발표력이나 논리적인 대응력, 순발력, 상황대처 능력 등은 여성이 남성보다 확실히 우위에 있기 때문에 합격률은 더 높아진다. 언젠가는 오히려 남성의 T/O를 정하는 시대가 올지도 모르겠다. 아직은 기업의 CEO나 경영층이 대부분 남성이지만 선진국의 경우는 그렇지도 않아서 가까운 미래에 언젠가는 여성채용이 일반화되고 면접을 비롯한 채용전형의 방식도 변화될 것이다. 기업 입장에서는 이런 변화에도 적절한 준비와 대응을 미리 해나가야 한다.

●●● 기업의 준법성 · 사회적 책임 강조

얼마 전 삼성전자가 담합 혐의가 있는 직원을 징계하고 도덕 불감증이나 불법행위를 용서하지 않겠다는 선언을 했다. 지금까지는 사회적으로 비난받을 일이라도 회사를 위해서 한 행위는 회사 차원에서 용서하고 보호해준 경우가 많았다. 과거 1950~70년대, 한창 기업들이 창업하던 초기 성장기에는 국가의 경제발전을 위해 기업을 키워야 한다는 대승적 차원에서 기업의 웬만한 불법이나 부정은 눈감아준 적이 있었다. 국가적인 전략산업의 경우에는 오히려 정부가 수의계약 등을 통해 불법을 조장한 일도 비일비재했다. 하지만 요즘은 늘어난 기업들과 넘쳐나는 재화로 인해 소비자가 더 우세한 시장 구도가 되면서 기업 활동의 준법성과 사회적 책임이 강조되고 있다. 일(결과)만 잘하면 용서가 되던 시대에서 이제는 방법과 절차도 법의 원칙 아래서 정직하고 공정하게 진행해야 하는 시대가 되었고 사회주체의 한 일각을 담당하고 있는 기업에 그에 상응하는 사회적 책임을 부과한다.

따라서 적극적이고 도전적이며 회사 지향적이고 용맹한 인재를 선호했던 시대에서 공정성, 도덕성, 준법성도 채용 심사의 중요한 조건이 되는 시대로 넘어가고 있다. 일을 잘하고도 그 방법이 불법적이고 반사회적이었다면 외부뿐만 아니라 내부에서도 용서하기가 어려운 시대가 되었다. 기업에 속한 한두 사람의 반사회적 활동이나 불법적인 활동이 언론과 여론에 공개되면 그가 속한 기업의 신망이 추락함은 물론 기업의 존망도 좌우할 수 있는 시대가 되었기 때문이다. 다만 준법성이나 규범성, 열정과 활동성은 다소 서로 배치하는 측면이 있어 두 가지 측면의 인성을 같이 보유하고 있는 자원은 실제로 별로 없다. 그래서 기업 입장에서는 어디에 더 중점을 두어야 하는가를 판단해야 하므로 채용은 더 어려워진다.

●●● 불완전 경쟁시장에서 완전 경쟁시장으로 발전 중

1960~70년대 경부고속도로를 건설할 때나 포항제철을 만들 때는 그 일을 맡을 사람이나 기업이 없어서 국가가 기업을 지정하거나 수의계약을 통해 공사를 수주하는 일이 많았다.

당시 기업체는 얼마 되지도 않았고 거대 국가 기간산업을 맡을 만한 체력을 갖춘 조직도 없었다. 아마 요즘 그런 일들이 일어났다면 불공정거래행위로 당장 국정감사를 받을만한 일이다. 현재의 시장 여건은 그러한 불완전 경쟁시장에서 완전 경쟁시장으로 급속히 이행 중이다. 글로벌하게 경쟁이 진행되는 업종에서는 불완전 경쟁 체제는 엄두도 내지 못한다. 경쟁 조건이 완전히 공개되고 누구나 조건이 되면 참여할 수 있는 상황에서는 의욕적이고 치열한 열정을 가진 내부 인재도 중요하지만 외부적으로 떳떳하게 경쟁하고 능력과 전략적 수완을 발휘할 인재를 채용해야 한다.

선진국의 CEO는 출장을 갈 때 변호사와 회계사, 계리사를 대동한다고 한다. 법적인 문제와 재무리스크를 대비할 수 있는 전문 인력을 늘 가까이에 둔다는 이야기다. 앞으로는 이러한 경영 여건에 걸맞은 전문 인력, 글로벌 능력을 갖춘 인력을 선호할 수밖에 없는 것이 기업의 입장이다.

면접위원으로 활동하는 사람의 일반적 특성

앞에서 설명했듯이 정보화사회, 신인류 의식을 가진 지금의 20대들을 판단하고 면접하여 채용을 결정하는 사람들은 각 기업의 핵심 인재이면서 의식적 측면으로는 농업사회의 끄트머리를 경험한 사람들이다. 따라서 이들 면접위원의 사고와 판단 가치를 무시하고 자신만의 의식과 가치관으로 면접에 달려들어서는 채용될 확률이 낮아진다. 아무리 창의력이 뛰어나다 한들 스티브 잡스처럼 청바지에 티셔츠를 입고 면접장에 간다면 아직까지는 합격하기 난망하다는 이야기다. 일단 진입하고 나서 자신의 개성과 가치관을 표현해

도 늦지 않다. 우선은 면접위원의 성향에 맞춰주고 그들의 마음속
에서 살아남아야 기업에 진입할 수 있고 그래야만 자신의 야망과
열정을 펼쳐갈 수 있는 것이다. 그런 점에서 현재 평균적인 면접위
원의 특성을 살펴볼 필요가 있다.

●●● 농업사회를 직간접적으로 경험한 40~50대 남자

우리나라는 농업사회에서 급격히 산업화, 정보화사회로 진전했
기 때문에 최근 20대들은 정보화사회의 패러다임을 갖고 있지만 면
접관 세대들은 여전히 어릴 때 형성된 농업사회 시절의 가치나 인
재상을 기억하고 있다. 기업이 지향하는 인재관과 아울러 면접관의
가치에 맞는 특성을 보여주는 것이 합격에 다가가는 지름길이다.
게다가 여성 면접관들이 참여하고는 있지만 아직은 소수에 불과하
다. 따라서 40~50대 남자가 중심이라고 보고 준비해야 한다.

●●● 회사 생활에서 모범적이고 성공한 사람

면접위원은 회사에서 성공한 사람들일 가능성이 아주 높다. 그
런 사람들이 핵심 중요 직책을 맡고 있을 것이고 이들이 회사에서
벌어지는 가장 중요한 일 중 하나인 채용에서 면접위원으로 들어온
다. 따라서 열정적이고 진취적이며 근성이 있는 사람들로 구성되어
있다고 봐야 한다. 인사부서 입장에서도 후배를 뽑는 일인 만큼 그
기업의 인재상에 부합하고 모범적인 사람을 면접위원으로 위촉한
다. 이런 사람들은 그 반대의 성향을 가지고 있는 사람들을 병적으

로 싫어한다.

●●● 해당 분야에서 핵심 인재로 정평이 난 사람

직무면접의 경우에는 해당 분야에서 핵심 인재로 소문난 사람이 면접위원이 된다. 그래야만 그 직무에서 발전 가능성이 있는 사람을 선발하기 쉽기 때문이다. 그렇다고 해도 기본적으로 모범적인 성향을 갖추고 있어야 함은 물론이다.

핵심 인재들이 가지고 있는 나쁜 습성 중에 하나는 자기 분야에서 지나치게 예리하게 잘 따진다는 점이다. 대강대강 넘어가지 않을 것이란 점을 지원자들은 유념해야 한다.

●●● 회사에 대한 충성심이 뛰어난 사람

아무리 직무 수행에 필요한 우수한 자질을 갖추고 있다 하더라도 기업은 조직에 충성하는 사람을 더 중시한다. 기업에서는 애매하고 곤란한 상황들이 끊임없이 발생한다. 이런 경우 직무 능력보다 충성심이 더 위력을 발휘한다는 것이 우리나라 기업주들의 생각이다. 또한 직급이 올라갈수록 충성심은 더 중요하다. 기밀을 요하거나 내밀한 결정을 해야 할 경우나 자신이 책임져야 할 경우도 발생한다. 이런 경우 대승적인 차원에서 자신을 희생하면서 조직을 보호할 수 있는 사람을 기업은 원한다. 따라서 이런 성향을 갖춘 사람들이 면접위원으로 들어올 확률이 아주 높다. 인사부서에서도 직무 능력이 높은 사람보다는 조직의 본업에 더 충성하는 사람을 면접위원으로 위촉한다. 그러는 편이 열정적이고 충성심이 강한 우수 인력을 선발하기 더 쉽다고 판단하기 때문이다.

●●● 열정적이고 창의력이 뛰어나며 적극적인 사람

성공하는 사람들이 공통적으로 가지고 있는 특성이 열정과 창의력, 긍정적이고 적극적인 성향이다. 업무 능력은 뛰어나더라도 비판적이거나 보수적인 사람보다는 긍정적이고 열정적인 사람이 면접위원으로 위촉될 가능성이 아주 높다.

●●● 남자의 경우 군필이 대다수이며 기득권 계층

남자들의 경우는 특수 전문 분야를 제외하고는 대체로 군필을 한 사람들이 면접위원으로 들어온다. 그런 사람들은 병역면제자를 기피하는 성향이 있다. '우리는 3년간 뼈 빠지게 고생하고 들어왔는데, 병역면제자는 요리조리 병역을 회피한 사람'으로 보는 경향이 있다. 아울러 이미 기업 조직에서 성공한 사람들이기 때문에 기득권층으로 봐야 한다. 그들은 그들이 만든 성과를 자랑스럽게 생각하고 이를 부정적으로 보려는 성향을 싫어한다. 그 때문인지 지나치게 가난한 가정에서 자란 사람도 기피하는 성향을 가지고 있다.

●●● 상대적으로 보수적인 성향인 사람

기업은 원래 보수적인 성향을 가지고 있기 때문에 기업에서 성공한 사람들도 그런 성향에서 벗어날 수가 없다. 진보적 성향을 지향하는 기업도 있으나 대체로는 보수적 성향을 가지고 있다. 아이러니하게도 노동자 편에서 서서 노사관계를 연구하고 정책을 만들어내는 조직조차도 내부에 노조가 생기는 것을 불편해하고 싫어한다.

●●● 대체로 가정적, 경제적으로 안정되어 있는 사람

'가화만사성'이라고 가정이 화평해야 일도 잘할 수 있다. 예외적인 경우가 없진 않지만 대체로 편안한 가정을 이루고 있고 경제적으로도 안정되어 있다. 그래서인지 경제적으로 지나치게 궁핍한 지원자에게 우호적이지 않다. 현재의 경제적인 성공은 자신이 열심히 해서 이룬 성취라고 생각하고 그렇지 못한 사람을 인정해주지 않으려는 성향을 가지고 있다.

●●● 감정을 가진 사람

사실 이 부분이 중요한 팩트인데 면접위원이 반드시 이성적이고 바른 판단만 하는 것이 아니다. 신이 아닌 이상 판단의 오류도 있고 감정에 흐트러지기도 한다. 인사부서에서는 면접위원에 대한 교육을 통해 이러한 치우침이나 감정적인 평가가 적게 나오도록 조치하고 있으나 면접위원의 평가 결과를 보면 오전·오후의 심리 상태가 다르고, 남녀에 대한 평가 결과가 다르고, 자신이 선호하는 성격의 유형도 있기 마련이다. 그런 점을 참작하여 면접에 임해야만 합격의 성과를 얻기 쉽다. '지피지기면 백전백승'이라는 전쟁의 원리가 면접에서도 적용된다.

질문으로 보는 20대에 대한 선입견

이번에는 기업에서 20대를 바라보며 우려하는, 그들이 가진 선입견에 대해서 조금 더 자세히 알아보도록 한다.

● ● ● 조직 활동을 이해하고 긍정적으로 참여할 수 있는가

앞에서 대강 설명했지만 대체로 성장기에 대가족에서 생활한 면접위원은 핵가족에서 성장한 20대에 대해 이런 우려를 하고 있다. 요즘 젊은이들은 직장에 들어오기 전에 조직을 경험할 기회가 매우 적다. 과거 대가족사회에서는 상경하애 정신과 장유유서 등의 정서를 가정에서 일정 부분 경험하고 회사에 입사하지만, 요즘 20대는 그렇지 않은 환경에서 성장했다는 생각에 조직생활의 적응력 여부에 면접의 중요도를 두기도 한다.

남자의 경우 군대를 다녀오면 좀 낫기는 하지만 요즘 군대 생활도 과거에 비해 자유롭고 민주적이라 조직력 형성에는 큰 도움이 안 된다고 생각한다. 기업은 국가나 지역사회보다는 작지만 가정과는 비교가 안 될 정도로 큰 조직이다. 조직 생활에서는 때로 자기 주장을 희생해야 하고, 자기 책임이 아니더라도 앞으로 나서기도 해야 하고, 개성이 있다 하더라도 조직을 위해 하모니를 만들 줄 알

아야 하는데 그게 가능할까, 하는 의문을 가질 수밖에 없다. 따라서 이런 상황이나 생각을 묻는 질문을 많이 하게 되고 가족 수가 많은 집에서 성장한 이들을 선호하기 마련이다.

☐ 가족 자랑 한번 해보세요.
☐ 어려운 상황이 생기면 누구와 제일 먼저 상의하겠습니까?
☐ 내 생각과 다른 사람이 상사라면 어떻게 대처하겠습니까?
☐ 동아리 활동이나 과외 활동이 있으면 소개해주십시오.

등등의 질문은 이러한 조직관과 실제 경험 여부, 가정의 화목 정도와 대가족 경험 여부를 확인하려는 질문들이다. 따라서 군대를 비롯한 조직 경험과 대가족·동아리 활동에 가점이 주어진다.

••• 사람들과 직접 대면해 소통하고 설득할 수 있는가

요즘 지하철을 타고 가면 그냥 앉아 있거나 신문을 보는 사람은 극소수다. 남녀노소를 막론하고 대부분은 휴대전화를 만지작거린다. 인터넷도 하고 소통도 하며 영화를 보거나 게임을 한다. 휴대전화 만능의 시대가 온 것이다. 아마도 하루에 깨어 있는 시간의 반은 휴대전화를 만지작거릴 것이다. 가까운 가족이나 연인보다 더 가까이, 더 자주 접하는 것이 휴대전화인 세상이 되었다. 집에서도, 학교에서도 누구를 만나서 이야기하기보다 혼자서 휴대전화나 모바일기기를 만진다. 모임에 가서도 집단적인 활동은 거의 없고 혼자 또는 친구 한두 명과 논다. 이런 사회소통기계들(SNS)과 거의 대부분의 시간을 보내다 보니 사람과 직접 만나서 소통하고 토론하고 주장하는 경험을 하기 힘들다. 그래서 이런 도구들이 없었던 기성 세대에 비해 대면 의사소통 기회가 현저히 줄었다. 이런 사회 현상 탓에 면접자가 직접 대면하면서 친밀감을 형성하고 '을'의 입장에서 계약을 성사시키고 자신에게 적합한 의사결정을 할 수 있는 능력이 있을지, 기업은 걱정한다.

☐ 친한 친구 10명만 이름을 대보시오.

☐ 친구를 몇 사람만 깊이 사귀는 편인가요, 아니면 여럿과 두루 친하게 지내는 편인가요?

☐ 자신에게 닥친 일을 스스로 판단하고 결정해본 경험이나 사

직접 얼굴을 보고 이야기할 수 있는지 의심스러운 사회가 되었다.

례를 설명해보세요.

□ 누구를 설득해본 경험이나 사례가 있으면 그 과정과 결과를
설명해보세요.

□ 사람들과 어울리는 것이 편합니까, 아니면 SNS로 대화하는
것이 편합니까?

등의 질문을 받았다면 바로 이런 우려를 짚어보기 위함이다.

●●● 의사결정 능력이나 주장 능력이 있는가

요즘 출산율은 한 부부당 1.23명이다. 두 사람이 결혼해 한 명만
남긴다면 전체 인구수는 장기적으로 줄어들 수밖에 없다. 인구통계
학자들은 한 부부당 2.2명을 낳아야만 인구가 줄어들지 않는다고
한다. 그런 의미에서 우리나라는 급속도로 출산율이 낮아진 것이
다. 이런 현상은 단지 낮은 출산율로 산부인과가 폐업하고 유아용
품점이 문을 닫는 작은 문제가 아니라 장기적으로 나라의 존립도
위협할뿐더러 적정 인구수가 되지 않으면 규모의 경제를 만들 수도
없어서 경제 자체가 휘청거릴지도 모른다는 큰 문제를 안고 있다.
2012년 6월에 우리나라도 20-50 클럽에 가입했다. 인당소득 2만
달러에 인구 5000만 명을 넘어섰다는 이야기다. 미국, 일본, 영국
등에 이어 세계에서 7번째 진입이다. 그러나 지금 추세라면 약 30
년간 5000만 명 선을 유지하고 그 이후에는 낮은 출산율로 인해 다
시 4000만 명대로 내려올 것이라고 예측되고 있다.

이런 현상이 장기화됨으로써 외동아들이나 외동딸이 늘어나고 있다. 저출산이 안고 있는 사회 전반적인 문제에 비하면 작은 문제일 수 있으나 이들을 뽑아서 조직을 꾸려가야 하는 기업 입장에서는 외동아들·외동딸이 늘어나는 현상이 반갑지 않다. 우선 한두 명의 자녀를 둔 가정에서는 자녀들 스스로 판단하거나 고민하거나 주도적으로 행동할 기회가 줄어든다. 과거 다섯 명 전후를 관리하던 부모가 이제 한두 명에 집중한다는 것은 결국 자녀들 스스로 할 일과 주도성을 줄일 수밖에 없게 되는 것이다. 적은 자녀수로 인해 부모는 자식이 해야 할 과제에 하나하나 개입할 것이고, 자녀는 과거 선배들에 비해 의사결정을 할 기회가 현저히 줄어든다. 그런 환경에서 성장한 후 기업 조직에 들어온 사원들이 치열한 생존경쟁을 뚫을 수 있을까? 조직의 성장 발전을 위해 주도적인 모습으로 선두에 서길 주저하지 않을까? 또는 시키는 것은 잘하나 먼저 주창하거나 앞장서는 경우를 만들기가 어렵지는 않을까? 면접위원은 그런 걱정을 할 수밖에 없다.

□ 혼자서 의사결정을 한 사례를 들고 그 과정과 결과를 설명해 보시오.

□ 어려운 난제가 생기면 누구와 어떻게 상의하겠습니까?

□ 큰일이 생길 경우 혼자서 결정하는 편입니까? 조언을 듣는 편입니까?

□ 이번 입사 지원은 누구의 생각입니까?

등의 질문은 본인 스스로 얼마만큼 확신하고 주도할 수 있는지를 물어보는 것이다.

● ● ● **자신의 행동을 스스로 통제, 관리하며 리드할 수 있는가**

기업은 새벽형 인간을 선호한다. 필자가 몸담았던 삼성은 더 그렇다. 아침에 스스로 일찍 일어나고 헬스클럽에 가서 아침운동을 하는 등 정기적이고 지속적인 자기관리 능력을 가지고 있으면 신체적으로, 정신적으로 건강한 존재로 본다. 지금의 40~50대가 자란 시대에는 스스로 일어나지 않으면 밥 얻어먹기도 어려웠을뿐더러 어른들의 불호령이 떨어졌다. 그러나 요즘 아이들은 스스로 일어날 필요가 없다. 엄마가 식사 준비는 물론 학용품까지 준비하고 챙겨서 깨우기 때문이다. 물론 일찍 일어나야 할 특별한 이유가 있는 날은 혼자서 일어나지만 범상한 일상 속에서는 늘 부모에게 의존한다. 과거에는 대학 공부시켜서 장가나 시집보내면 부모의 일을 다 하는 것이라고 생각했는데 요즘은 집 사주고 아이(손주)까지 키워줘야 부모로서의 임무를 다하는 것으로 생각하는 세상이다.

농경사회에서는 '일찍 일어나는 새가 많은 모이를 먹는다'는 격언처럼 근면성과 장시간의 노동 시간을 확보하는 것이 집단 생존에 유리했다. 그러나 지금은 그런 시대가 아님은 분명하다. 밤새 일을 하기도 하고 밤낮을 바꾸어 일하는 직업도 있다. 글로벌 시대에서는 서로 다른 시간대를 보완해 밤낮의 개념이나 구분 없이 일하는 게 유리한 시대다. 그러나 기업이란 많은 수의 구성원이 공동생활을 하는 조직이라 대체로 표준적인 근무시간(core time)이 있다. 스스로 일어날 수 없는 구성원이 회사 생활도 쉽게 하지 못할 것임은 자명하다. 늘 시간에 쫓기게 되고 자율통제 능력도 떨어질 수밖에 없다. 그래서 규율성을 확보하고 있는가도 중요한 개인 능력이다.

등의 질문들은 자기관리 능력, 주도성이 있는지를 알아보려는 질문들이다.

●●● 이기적인 성향은 없나, 남을 이해하고 희생할 줄 아는가

조직이란 기본적으로 사회성을 필요로 한다. 혼자서 할 수 없는 일이 대부분일뿐더러 아래위로 또는 좌우로 물려 있는 것이 사회이기 때문이다. 그러나 요즘 젊은이들은 대부분 가정에서 이런 조직 생활을 배우지 못했으며 부모들의 과잉보호 때문에 남을 생각할 이유나 필요가 없이 성장했다. 또한 자녀가 여럿이 아니다 보니 규율을 만들고 지킬 필요도 별로 없다. 여러 사람이 함께 생활해야 제한된 자원을 분배할 때 순서가 필요하고 그런 것을 결정할 작은 규율이라도 필요한데, 기껏 한두 명이 생활하는 내에서는 그런 규칙이나 법이 불필요해진다.

기업의 인사 담당자들은 상대적으로 대가족이었던 그들 세대에 비해 준법성이나 이타적인 성향이 형성되었을 가능성이 적다고 보는 것이다. 다행히 교회나 성당, 법회 등의 종교 활동을 통해 사회적인 이타 성향을 배우기도 하지만 과거에 비해 종교 활동을 하는 젊은이도 줄어들고 있다.

필자도 어린 시절 5형제 사이에서 성장했지만 장남이고 장손이어서 귀한 대접을 받는 바람에 남을 배려하고 이해하는 데 부족함이 많다고 스스로 생각한다. 필자는 아직도 쌈 같은 요리를 싫어한다. 어릴 때 누군가가 쌈을 싸서 입에 넣어줬기 때문에 스스로 쌈을 쌀 줄 모르는 것이다.

□ 봉사 활동을 해본 경험이 있는지 설명해보세요.

□ 나의 이익과 상대방의 이익이 상치될 때는 어떻게 풀어가야 할까요?

□ 사회를 유지하고 갈등을 해소해나가는 데 가장 중요한 가치는 무엇일까요?

이런 질문을 하며 요구하는 답은 규범 준수, 배려 등에 대한 이야기다.

••• 투지, 근성, 헝그리 정신은 있나

요즘 아이들은 평균 신장과 체중이 부모 세대에 비해 현저히 향상되었다. 필자는 키가 172센티미터인데 30년 전 입사 당시에는 평균 이상이었다. 신입사원 시절에는 엘리베이터에 타면 눈 아래에 있는 사람들이 제법 보였다. 하나 요즘 젊은이들과 같이 타면 앞이 캄캄하다. 남자 대학생들의 평균신장도 30년 전에는 168센티미터였던 것이 지금은 174센티미터 정도로 커졌다. 평균체중도 비약적으로 늘어났다. 경제가 발전함에 따라 성장기에 잘 먹으니 신장과 체중이 늘어나는 것이 분명하다. 최근 조사한 북한 남자 평균 신장은 158센티미터에 불과하여 한국 여성 평균(161센티미터)보다도 작다. 유전자가 같은 단일민족이라도 성장기에 얼마나 충실하게 필요한 영양분을 섭취했는가에 따라 성장이 결정된다고 학자들이 말한다.

아울러 젊은 세대 중에 당뇨나 고지혈증, 고혈압 등의 성인병을 앓는 비율도 점점 높아져가고 있다. 요즘 젊은 세대들이 과거 세대보다 '건장'한 것은 사실이나 더 '건강'한지는 솔직히 의문이다. 다만 의술의 발전으로 평균수명이 길어진 것만은 아무도 부인 못할 사실이다.

부익부빈익빈 현상 탓에 아직도 제때 식사를 못하는 세대가 있기는 하지만 30년 전에 비하면 그 절대적인 비율은 현저히 줄었다. 당시 길거리에 넘쳐나던 거지들을 요새는 본 기억이 별로 없다. 요즘 그 호칭이 노숙자로 바뀌기는 했지만 그 수가 현저히 줄어든 것만은 분명하다. 또한 사회복지제도의 발전으로 영세민이나 생활보호대상자들에 대한 사회적, 제도적 배려도 만만치 않게 늘었다. 복지를 담당하는 공무원들의 이야기를 들어보면 우리나라 정부가 운용하고 있는 복지제도는 100여 가지가 넘는데 해당자들이 그것을 몰라서 찾아 먹지 못하는 경우가 많다고 한다.

우리나라는 과거 30년 전에 비해 절대빈곤층이 줄어들고 경제적 중산층이 상대적으로 늘어나서 먹고사는 문제는 많이 해결되었다. 그러다 보니 먹고 싶은 것은 언제나 사 먹을 수 있고 부모들도 잘 먹이니 과거 선배들이 겪었던 보릿고개나 경제적 어려움을 느낄 겨를은 없었다고 봐야 한다.

그래서 잘살아보자는 생각이 젊은이 개개인에게는 치열한 꿈이나 욕심으로 다가오지 않는다. 과거 우리 선배들은 '새마을운동'이나 '경제개발 5개년계획' 등을 통해 나라 경제를 일으키고 가계도 성장시키는 데 혼신의 힘을 다했다. 그런 부모 세대의 노력들로 만들어진 경제적인 이익을 향유하는 것이 젊은이들이라 그들에게서 치열한 투지나 근성, 헝그리 정신을 발견하기란 쉬운 일이 아니다. 기업들은 이런 나태한 정신 상태를 가진 사람을 구성원으로 받아들이고 싶어 하지 않는다. 왜냐하면 기업은 정글에서 생존하는 것보다 더 치열한 생존경쟁을 하면서 살아남아야 하고 발전해야 하기 때문이다.

특히 과체중으로 징집 면제된 경우에는 질문이 많아진다. 지금은 정상이나 신체검사 당시 과체중으로 징집이 면제되었다면 병역기피의 의혹이 농후하기 때문이다. 그 외에는 사실, 눈빛이나 모습만 봐도 알 수 있는 사안이라 직접적인 질문은 많이 하지 않는다.

●●● 건전한 기업관이 형성되어 있나

필자가 면접관으로 근무하거나 면접위원을 관리할 당시에 꼭 확인하는 것 중에 하나가 이 과제였다. 학교에서나 언론보도를 통해 기업에 대한 왜곡된 시각과 부정적인 인식을 접한 경우가 적지 않기에 개개인들이 '어떤 기업관을 가지고 있는지'를 꼭 물어본다.

사람과 물자를 결합하여 새로운 재화나 서비스를 창출해 인류사회를 더 스마트하게 만드는 것이 기업이 사회에 기여하는 첫 번째 역할이다. 학교를 졸업하고 취업하려는 상당수 지원자들이 기업의 중요한 역할로 사회봉사 활동을 첫째로 꼽는 경우를 자주 보았다. 그런 사고방식과 생각으로 기업에 들어온다면 과연 잘 적응할 수 있을까 하는 의문점이 생기는 것이다.

필자가 생각하는 기업이 사회에 이바지해야 할 미션은,

첫째, 인류사회를 더욱 풍족하게 만드는 새로운 재화와 서비스의 제공
둘째, 많은 세금을 내서 국가나 지방자치단체의 재정적 활동

지원

셋째, 많은 젊은이들을 고용하고 급여지급을 통해 가계경제를 활성화

넷째, 수출과 신제품 출시를 통한 국가경제 기여와 국가브랜드 향상

그리고 여력으로 사회봉사 활동이나 기부 등을 들 수 있는데, 지원자 중에는 우선순위를 거꾸로 생각하는 사람들이 꽤 많았다. 학교에서나 언론 또는 가정에서, 기업들이 돈은 많이 버는데 사회에 기여하는 것이 별로 없다고 배우기 때문일 것이다. 이 이야기가 전혀 틀린 건 아니라고 필자도 생각한다. 대기업들이 많은 이익을 내는 것도 사실이고 그 이익의 원천은 소비자인 국민임이 분명하기 때문이다. 다만 자본주의 사회에서 사회기부 활동은 당연히 해야 할 본분은 아닌 것이다. 잘살면 이웃들과 나눠먹는 것이 사회구성원으로서 바람직한 일이긴 하지만 기업 활동으로서 우선되어야 할 중요한 미션은 아니다.

기업에 대한 긍정적인 시각을 가지고 입사하는 인력과 그렇지 않은 인력은 업무 강도나 몰입도, 조직에 대한 충성심에서 차이가 날 수밖에 없고 그런 역선택을 기업은 기피할 것이다. 이는 나를 싫어하는 사람과 연애를 계속하는 것만큼 가치배반적인 일이다.

☐ 기업의 역할이 무엇이라고 생각하십니까?

☐ 기업이 사회에 기여하는 가장 중요한 기능은 무엇입니까?
☐ 자본주의 사회에서 기업의 사명은 무엇일까요?

등의 질문은 이러한 우려를 짚어보는 것이다.

●●● 맏아들 같은 책임감, 충성심을 가지고 있나

대개 우리나라 면접위원이 경험했을 대가족 사회에서, 장남은 그 집안의 제사는 물론 대소사를 책임지는 역할을 했다. 아버지에게 물려받은 집안일을 책임감을 갖고 불평 없이 수행했다. 그래서 종갓집 맏며느리는 그야말로 현모양처가 아니면 견디기 어려웠던 것도 사실이다. 남편의 위상에 따라 집안 대소사 다 챙기랴, 매달 돌아오는 제사 준비하랴, 시동생들 사촌들 챙기랴 그야말로 힘든 나날이었다. 오죽하면 시집와서 '눈 가리고 3년, 귀 닫고 3년, 입 닫고 3년'을 지내야 마음이 편하다는 말이 있었겠는가. 시집오면 살아생전 친정에 한 번 가보기도 정말 어려운 시절이었다. 가지 많은 나무에 바람 잘 날 없다고 형제가 많은 집안에는 늘 대소사가 끊이지 않았다. 장남은 대부분 겸손하고 후덕하며 유연한 태도와 책임감으로 동생들과 집안을 챙기는 일을 당연한 책무로 생각했다.

그러나 지금의 가정에서는 이런 개념이 사라지고 있다. 지금의 40~50대는 그래도 선조들의 묘와 집안 묘지를 알고 있고 부모님을 따라가보기도 했다. 하지만 지금의 20대들은 그런 의식이 거의 없다. 아마도 20~30년이 지나 그들이 40~50대가 되었을 때는 선조

대가족을 경험해본 사람이 점점 줄고 있다.

를 모시거나 제사를 지내거나 선산에 찾아가는 일들이 사라질지 모른다. 핵가족 사회에서는 조상이라든지 선조라든지 하는 개념이 없어지고 있기 때문이다.

장남도 없고 막내도 없는 그런 시대가 되어가고 있다. 기업 입장에서는 책임감 있는 든든한 맏형 같은 인재를 더 이상 찾기 어려울지 모른다. 하지만 기업의 업무나 조직 구조가 대가족 사회와 유사해서 맏아들 역할을 할 사람이 당연히 존재해야 한다. 물론 경영자가 직접 챙길 수도 있지만 그런 책임감을 가진 사람을 채용해 지배인 개념으로 일을 시키고 싶은 것이 기업주의 생각이다.

그래서 기업에서는 대가족 출신 지원자를 선호한다. 창의적인 신상품 개발이나 영업은 오히려 차남이나 막내들이 잘한다. 공격적이고 창의적인 면은 이들이 오히려 우수하다. 하지만 경영의 기본이고 뿌리인 인사 · 경영관리 · 재무관리 등에는 든든하고 책임감 있는 장남을 선호한다. 큰 발전은 모르겠으나 적어도 부실의 가능성이나 문제의 소지가 상대적으로 적다고 생각하기 때문이다.

이 주제도 서류로 대강 파악할 수 있기 때문에 질문으로 던지는 경우는 드물다. 다만 최근에는 가족 사항도 프라이버시에 속하기 때문에 직접 질문은 어렵고 '가족 자랑 한번 해보세요' 정도의 질문을 통해 파악한다. 이럴 때 지원자는 가능하면 대가족으로 어울려 살았다고 답변하는 것이 유리하다. 설사 핵가족이라 하더라도 할머니, 할아버지나 4촌들과 자주 어울리며 동고동락한 사례를 이야기하는 것이 유리하다.

●●● 학습기계화의 폐해, 인문학과 통섭적 사고 능력이 있나

과거 선배들보다도 더욱 격심한 취업 경쟁을 겪고 있다 보니 여러 가지 후유증이 나타난다. 학교에서도 낭만이나 삶의 고뇌, 미래에 대한 토론을 하던 대학생 특유의 문화가 사라지고 취업 예비학교로서의 역할이 더 커졌다. 얼마 전 고등학교에 막 입학한 여고 1학년에게 고교 시절에 대한 아름다운 추억을 들려주며 '인생에서 가장 아름다운 시절 중에 하나다. 가슴 설레는 일도 많고 질풍노도의 시대다'라고 설명해주었더니 돌아온 대답은 '당신이 다닐 때와 지금은 많이 다르다. 대학 입시를 위한 준비 학교이고 주어지는 과제와 해야 할 공부가 너무 많아 스트레스만이 있는데 무슨 얼어 죽을 낭만 같은 소리를 하느냐'는 것이었다.

당시 우리 세대는 막 성장기에 들어선 경제 덕분에 많은 사람들이 필요했고 취업 기회가 지금보다 훨씬 많았다. 여기저기 대기업에 합격해 처우나 분위기를 봐서 골라가는 시기였다면, 지금은 취업이 하도 어려우니 그런 생각보다는 우선 붙고 보자는 분위기다. 그래서 고등학교 때 벌써 취업 준비를 시작한다. 그래서 대학 때 갖춰야 할 스펙들을 미리 준비하는 것이다. 어학이나 자격증 등도 고등학교 시절부터 준비하는 모양이다. 그러다 보니 청년으로서 당연히 해야 할, 인생에 대한 고민을 밤새 토의할 상황이 아닌 듯하다. 이런 여건 때문에 회사에 취업하러 오는 지원자들의 성향이 건조하다. 합격만을 목표로 하다 보니 인문학적, 통섭적 사고를 하기보다 취업에 필수적인 영역만 강화되는 경향을 피할 수 없다. 하지만 기업에 일단 입사하면 여러 가지의 능력들이 종합적으로 필요하다. 인문학 서적도 많이 읽고 통섭적 사고도 할 수 있어야 회사의 각종 업무를 종합적으로 판단하고 다방면에 유용한 인재로 성장한다. 그런 면에서 현 세대에 많은 아쉬움이 있다고 면접위원은 토로한다.

☐ 인생에서 가장 중요한 것이 무어라고 생각하세요?

☐ 학창 시절에 생각나는 추억이 있으면 이야기해보세요.

☐ 학창 시절에 공부 외에 관심을 가진 분야가 있으면 설명해보세요.

☐ 학창 시절 독서를 좋아했나요? 기억나는 책이 있으면 소개해
보세요.

등의 질문은 이런 우려를 짚어보는 것이다.

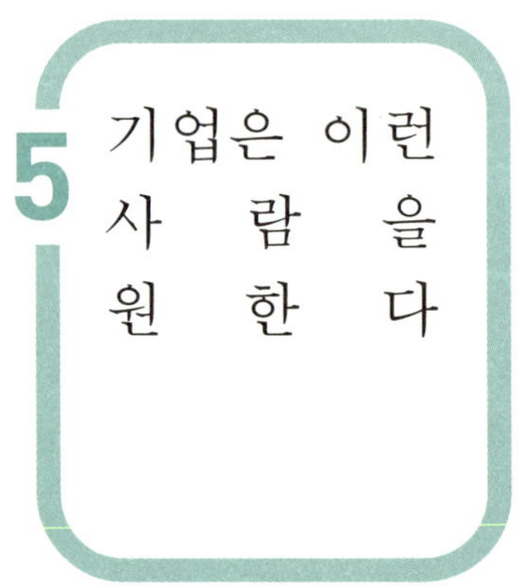

기업의 기본적인 구성과 요구되는 인재상

기업에 입사하는 모든 인력은 생산·영업·관리 이 세 가지 기본 기능 업무에 투입된다. 물론 어떤 기업(서비스, 보험, 금융업종)은 산업 특성상 생산이라는 기능이 없거나 극히 제한적이다. 또한 영업이나 생산 등 한 가지 직종으로 특화된 기업이 있기도 하지만 대체로 기업은 상기한 세 가지 기능 업무 영역으로 구성된다. 따라서 채용되는 인력도 이 세 가지 중에 한 가지 기능에 투입된다.

생산이든 영업이든 필요로 하는 자질이나 능력은 조금씩 차이가 있게 마련이고 기업 입장에서는 소요되는 기능에 적합한 인재를 채용한다. 사실 산업화 초기에는 생산이 기업의 가장 중요한 기능이었다. 만들어 놓으면 팔리던 시대가 있었다. 재화는 부족하고 생산하는 회사는 많지 않으며 수요는 넘치던 시대에서는 관리나 영업보다는 생산이 중요한 기능이었다. 하지만 시대가 변해 생산된 재화가 넘쳐나는 세상이 된 이후에는 만든 상품을 어떻게 잘 파느냐가 더 중요한 기능이 되었다. 관리 기능은 생산이 중요했던 시기나 마케팅이 중시되던 시대나 공통적으로 필요한 기능이다. 말하자면 관제탑과 같은 기능이라 어느 시대나 중시되었던 것이다.

인재상 측면에서 살펴본다면 생산이 중시되던 시대에는 생산에 필요한 기능 · 전문 능력 · 기술을 중요하게 봤고 마케팅이 중시되는 시대에는 근성 · 섭외력 · 대인관계 능력을, 관리 업무에서는 정직성 · 책임감 · 도덕성 · 공정성을 중요한 자질로 본다.

3대 주요 기능별 인재상

생산: 기능, 기술, 전문 능력, 세심함, 꼼꼼함, 정확성, 책임감, 희생정신, 체력
영업: 적극성, 대인관계 능력, 근성, 섭외력, 주도성, 의사결정 능력, 화술
관리: 세심함, 꼼꼼함, 도덕성, 수리 능력, 조직 지향성, 정직성, 스트레스 내성

이런 기능별 차이에도 불구하고 어느 직무에나 공통적으로 필요한 능력과 자질은 일과 목표에 대한 열정과 근성, 활력과 적극성이다.

한편 기업을 경영하기 위해 필요한 요소로는 사람·물자·정보·시간·자금 5가지가 있다. 따라서 채용된 인적 자원의 배치와 운용은 앞에서 말한 3가지 기능 영역과 5가지 자원 영역을 융합해 결정한다. 즉 생산·영업·관리 기능과 사람·물자·정보·시간·자금의 자원이 결합하여 생산 관리(사람·물자), 영업·영업 정보 관리, 자금 관리 등의 업무로 세분화되어 간다.

●●● 우리나라 사회의 구조적 관점과 기업 본래 관점의 인재

기업에서 사람을 선발하고 판단할 때는 세 가지 측면을 관찰하거나 판단한다. 첫째는 인간 본래의 성향이다. 사회의 구성원으로서 개인이 갖추고 있는 자질이다. 다음으로는 일을 어떻게 잘할 수 있을 것인가를 살핀다. 마지막으로 많은 사람들과 어울려 일하면서 시너지 효과를 내고 협업이 원활하게 이루어질 것인가를 판단한다.

① 개인(인간)으로서 기본적인 품성을 갖추고 있는가
건강, 긍정적 시각, 적극성, 근면 성실성, 기업관, 도덕성, 정직성

② 일의 주체로서 적합한가

근성과 끈기, 스트레스 내성, 열정과 혁신 능력, 창의력, 책임
감, 희생정신, 대외 인맥 능력, 용모, 전문성, 글로벌 능력 등

③ 조직의 일원으로서 합당한가
사회성과 용모, 친화력, 대인관계, 리더십, 팔로우쉽, 파트너
쉽, 팀워크

●●● 力(력)과 性(성), 感(감), 觀(관), 精神(정신)의 차이

대체로 性(성)과 感(감)은 선천적으로 타고나거나 어릴 때 부모의
영향으로 형성되는 성질이라 변화되기 어렵다. 선악으로 판별하기
어려운 영역이며 대부분 선택의 문제이며 본인의 가치관과 연결되
어 있다.

인성 판단의 중요한 내용이지만 타고나는 부분이라, 채용 과정
에서 찾아내지 않으면 입사 후 육성하기는 정말로 어렵다. 예를 들
면 교육을 통해 책임감 없는 사람을 책임감 있는 사람으로 변화시
키기는 매우 어렵다는 뜻이다.

책임감, 성실성, 인내심, 도덕성, 정직성, 적극성, 열정, 패기, 근
성 등이 이에 속한다.

力(력)은 의지와 노력 여하에 따라 성장 발전 가능하다. 따라서
이 영역은 회사에 입사하여 익히면 더 높아지는 영역이며 한 번 체
득한 능력은 퇴화되지 않고 대체로 축적된다. 따라서 능력은 다소
떨어지더라도 다른 기본 인성이 적합하면 나중에 육성이 가능하다.

섭외력이 다소 부족해 보이는 사람도 입사 후 교육과 훈련을 통해 섭외력을 높일 수 있는 것이다. 마치 남자들이 즐겨하는 당구 점수가 한 번 올라가면 오래 치지 않아도 유지되는 현상과 비슷하다.

섭외력, 혁신 능력, 직무 능력, 절충력, 추진력, 창의력, 화술 등이 이에 속한다.

따라서 인성면접을 할 때 '성'과 '감'에 대하여는 조직과의 적합성을 검증하고 '력'에 대하여는 잠재성과 향상 가능성을 검증한다. '력'은 '성'과 '감'에 의해 발전되기도 하고 퇴화도 가능하기 때문에 면접 시 이들의 조합 구조를 자세히 관찰해야 한다.

즉, 업무에 대한 전문 능력은 다소 떨어지는 사람이라도 적극성이 있는 사람이면 입사 후 교육을 통해 전문 능력을 길러줄 수 있을 것이고, 반대의 경우라면 퇴화될 것이다. 섭외력은 갖춰져 있으나 인내심이 떨어진다면 끈질긴 섭외가 필요한 직무에는 적합하지 않을 것이다. 이런 사람은 오히려 사교적인 예능 영역에 적합할 것으로 판단된다.

인성의 조합도 자세히 볼 수밖에 없으므로 보는 사람에 따라서는 선호가 갈리기도 하고 제3자가 보기에는 엉뚱한 사람들이 합격하기도 하지만 면접관들은 동물적 본능으로 이런 인성과 능력의 긍정적 조합을 가려낸다.

- 열정과 근성이 있는 사람은 약간 전문성이 부족해도 극복 가능하다.
- 책임감이 있는 사람은 집중력이 다소 부족해도 커버해낸다.
- 성실함이 있는 사람은 사교력이 떨어져도 고객으로부터 인정받게 된다.
- 사교력이 떨어져도 근성이 있는 사람은 장기적으로 고객을 설득한다.

- 사교력이 우수해도 근성이 부족하면 장기적으로는 실패한다.
- 성실함이 부족한 사람은 친화력이 우수해도 불신을 받게 된다.
- 책임감이 부족한 사람은 전문 능력이 우수해도 신뢰를 보장받기 어렵다.
- 혁신 능력이 우수해도 열정이 떨어지면 장기적인 성공을 장담하지 못한다.

이 장에서 강조하고자 하는 요지는 기본 인성이 직무 능력이나 전문성보다 훨씬 더 중요하다는 메시지다.

　사실 이 부분은 취업희망자나 입학지원자가 볼 내용이라기보다는 그들의 부모가 눈여겨보아야 할 부분이다. 왜냐하면 인성 영역은 선천적으로 타고나거나 자아가 형성되기 전인 15세 미만의 나이에서 만들어지는 것이기 때문이다. 인성은 앞에서 설명했듯이 한 번 형성되면 잘 바뀌지 않는다. 대오각성하는 계기가 없다면 보통의 인간들은 부모로부터 받은 유전자와 어릴 때 만들어진 인성을 바탕으로 일생을 살기 마련이다. 부모가 매일 싸우면서 티격태격한다면 당연히 그들의 자녀들에도 그런 성향이 만들어진다. 자아가 형성되어 정착되고 난 후라면 모르되 자아가 형성되는 시기에 부모들의 생각과 말과 행동은 거의 그대로 자녀에게 각인된다. 행동의 지침으로, 말의 기준으로, 생각과 가치의 모델로 자리 잡는다. 부모가 부지런하고 성실하다면 —물론 그중 부모와는 다르게 삐뚤게 행동하는 자식이 나올 수도 있지만— 부모의 모습을 보고 자신의 인생을 설계할 확률이 높기 때문에 반듯하고 성실한 인성이 형성된다.

　자식을 좋은 기업에 쉽게 취업시키려면 부모가 잘해야 한다. 하다못해 좋은 인상의 용모를 물려준다면 취업이 상대적으로 용이하다.

　어느 해 어떤 상사를 모시고 미국 출장길에 올랐다. 9·11 테러 뒤라 한참 입국심사가 강화되던 시기였다. 필자는 무리 없이 검색대를 통과했는데 그분은 한참 이런저런 검사를 받았다. 별도의 방에 가서 상의를 다 벗고 신발도 벗어야 했고 허리띠도 풀어야 했다. 그것도 모자라 입국 이유나 이후 일정을 세세히 실토하고서야 한참 만에 통과되어 나왔다. 알고 보니 그분의 인상이 화근이 된 것이었다. 서양인이 보기에 동양인들이 다 비슷비슷할 거라지만, 범죄형 얼굴이나 험상궂은 얼굴

인성이 점점 중요한 평가 요인이 되는 만큼 가정에서부터 인성 교육에 신경 써야 한다.

은 아무래도 자세히 들여다보게 만드는 모양이었다. 사실 인상은 자신의 잘못이 아니라 부모들이 만들어준 것이라 어쩔 수 없긴 한데 그래도 양순하게 생긴, 반듯한 용모는 불이익을 적게 받는 것이 어쩔 수 없는 현실이다.

기업이 중요하게 생각하는 인성이 성실성, 인내심, 열정, 책임감, 희생정신, 긍정적 가치관, 적극적 사고 등인데 이는 타고나는 천성 및 부모의 언행과 상관관계가 매우 높다. 그래서 부모들은 학교 공부만 잘 시킬 것이 아니라 가정에서 자녀교육에 신경을 많이 써야 한다.

부모의 성향이나 가치관이 의외로 자녀 취업에 영향을 많이 준다. 그래서 가난도 대물림되고 부자가 망해도 3대를 가는 이유가

되는 것이다. 질병도 그렇다. 부모로부터 물려받는 유전자에 의하여 발생하는 병이 반이 넘는다고 한다. 식생활이나 생활습관·환경에서 연유하는 것보다 유전자로 받는 요인이 더 많다는 것은 의학계의 기정 사실이다. 마찬가지로 인성도 부모로부터 내려받는 것이 대부분이라 교육 방법도 마땅치 않고 효과도 확실치 않다. 부모의 본능적인 개선 노력에 의존할 수밖에 없다.

도둑도 자기 자식에게 일은 물려주고 싶어 하지 않으면서 좋은 인성은 물려주고 싶어 한다. 아무리 나쁜 사람도 자식들은 반듯한 인생을 살기 원하기 때문에 자기도 모르게 적잖게 노력한다. 하지만 그런 노력으로 바로잡아지기에는 우리들의 인성은 너무나도 광범위하게 작용한다. 한계가 있는 것은 과학적 사실이지만 그래도 자식의 인성을 어릴 때부터 바로 잡아주기 위해 의도적으로 노력하는 게 과외를 시키는 노력보다 더 중요하다. 스스로 바르게 살고 열심히 살아야 하는 이유가 여기에 있는 것이다. 자식에게 잘하라고 교육하기보다 스스로 잘하면 자식이 따라올 확률이 훨씬 더 높아진다.

한편 부모의 직업과는 상관관계가 덜하다. 부모가 비천한 직업을 가지고 있다 해도 아이는 올바르게 자라는가 하면, 매우 존경받는 직업군의 자녀가 비뚤게 크는 경우도 비일비재하다. 경험으로 보자면 후자의 사례들이 더 많다. 왜냐하면 존경받는 직업군이지만 실제 사회적 인식과 반대로 행동하는 부모를 보았기 때문이 아닐까 생각한다. 노사문제도 그렇다. 필자의 경험상 본사의 주요 부서에서 경영자를 직접 대하고 그들의 가치관을 접하는 사람이 오히려 노사분규를 주동하는 경우를 많이 보았다. 현장에서 고생하는 사람보다 본사 직원들이 오히려 노사분규에 더 앞장선다. 이들은 속성상 회사 편에 설 것 같은데 반대로 노동자 편에 선다. 경영자의 부정이나 비리를 더 가까이서 접했기 때문이 아닐까 하고 당시에는 생각했다. 그들은 사회적으로 존경받는 직업을 가진 아버지를 둔 반항아가 의외로 많다.

오랜 우스갯소리 중에 '카이스트 교수 아들은 공부를 못하고 카이스트 경비 아들은 공부를 잘한다'란 말이 있다. 아마도 기대했던 바른 모습이 아니라 일부 잘못된 사례들이 크게 비치는 것이 아닐까 생각해본다.

●●● 적성의 의미

적성이란 일과 사람의 정합성, 조직과 개인의 정합성을 의미한다. 즉, '이 사람이 이런 일에 적합한 자질을 갖추었나'와 '우리 조직과 적합한 인성을 갖추고 있나' 여부에 대한 것이다. 전자는 개인의 능력과 직무 요건과의 정합성에 대한 것이라 비교적 객관화되기 쉽다. 다만 후자, 즉 조직과의 적합성은 적성이라는 표현을 쓰지만 인성과 다름 아니다. '사람들과 잘 어울리는가' '섭외력이나 일에 대한 열정이 있는가' '물고 늘어지는 근성을 갖추고 있는가' 등은 적성이 아니라 인성 영역인 것이다. 따라서 인성도 개인적인 가치관으로 존재하는 부분과 조직과 엉켰을 때 반응하는 부분으로 구분

해볼 필요가 있다. 다만 면접에서는 이 둘을 구분하지 않고 접근하는 것이 대부분이다. 기업 입장에서는 굳이 그럴 필요가 없기 때문이다. 수많은 지원자 중에 선별하면 되므로 한 개인을 위해 자세하게 접근할 필요가 없다.

우리나라 기업이 인성 면접을 중시하는 이유

미국에서 학교를 졸업하고 미국 기업에 취업할 때는 우리와는 다른 면접 과정을 거치게 된다. 대개는 그 직종의 책임자급이 주로 직무 적성이나 직무수행 능력 중심으로 인터뷰를 한다. 우리 같은 인성 면접은 그렇게 강조되지 않는다.

그러면 왜 우리나라 기업은 다른 나라의 기업에 비해 인성 면접을 더 중시할까? 이는 미국을 비롯한 선진국과 우리나라의 근로관계 형성과 유지에 대한 제도와 여건이 다르기 때문이다. 즉, 미국의 경우만 해도 채용과 해고가 비교적 자유롭다. 레이오프(lay off)제도가 있어서 직원이 마음에 들지 않으면 특별한 사유 없이 해고해도 특별한 제재가 없다. 미국의 드라마나 영화에서 "당신 해고야!(You're fired!)"라는 상사의 한마디에 투덜거리며 짐을 싸는 장면들을 많이 보았을 것이다. 완전 자유주의 경제체제하에서는 채용도 자유지만 기업이 원하는 사람이 아니면 언제든지 해고도 가능하도록 되어 있다. 하지만 우리는 사정이 다르다. 근로기준법으로 해

노동시장의 폐쇄성이 인성을 강조하는 계기가 되었다.

고를 회사 마음대로 하지 못하도록 규정하고 있다. 즉, 근로자 보호 측면에서 부당해고를 제한하기 위해 경영 형편상 심각한 사유가 있을 때만 해고가 가능하도록 규정했다. 이는 법정 관리나 파산, 지속되는 적자 등 인력을 줄여야만 하는 확실하고 긴급한 사유가 있어야 함을 말하고 해고 외에 다른 대안이 없는 경우에만 해고가 가능한 것이다.

즉, 우리나라에서는 한 번 채용하면 죽으나 사나 한 배를 타야 한다. 근로자가 원해서 스스로 회사를 떠나지 않는 한 직원을 해고하기란 사실상 어렵다. 인성과 적성을 면밀히 살피지 않고 채용했다가는 헤어질 방법이 없으니 억지로라도 같이 살아야 한다. 그래서 이리저리 살펴보고 다양한 인성 판단을 해서 지원자를 선택하는 것이다. 직무검사, 인성검사도 이런 판단을 위한 조치이고 프레젠테이션 면접, 집단 토의 면접도 직무수행 능력보다는 기초적인 인성을 다각도로 판단하려는 의중이 더 크다. 공산주의 국가인 중국도 기업 활동의 자유 면만 본다면 자본주의국가 못지않다. 3개월치만 퇴직위로금 성격으로 지급하면 언제든지 해고를 통보할 수 있다. 우리나라의 근로자 보호법규가 근로자를 보호하는 것이 아니라 오히려 기업으로 하여금 신규 채용을 막고 정규적인 근로관계 형성을 주저하게 만드는 요인이 아닌지 살펴볼 필요가 있다. 그래서 비정규직이라는 것이 편법으로 생겨났다.

이런 이유로 우리나라 기업들은 인성과 적합성을 자세히 살펴보지 않을 수 없다. 여러 가지 방법으로 체크해도 인성을 100% 확인하기는 어렵지만 그래도 확인해보고 싶은 것이 기업의 입장이다.

| 미국과 한국의 인력채용 프로세스 관점의 차이점 |

항목	미국	한국
채용시장	열린 시장	닫힌 시장
채용개념	직무별 채용	기업별 채용
채용자원	경력사원 중심	신입사원 중심
채용방식	소단위 상시 개별 채용	대단위 정기 집단 채용
충원방법	내부 우선, 다양한 방법	외부 충원, 공개채용
주요판단항목	직무능력	인성과 조직적합성
인력유동성	상대적으로 많음	상대적으로 적음
타 경력에 대한 인식	많을수록 유리	적을수록 유리
해고	상대적으로 쉬움	매우 어려움

다만 최근 미국 기업들도 인성을 중요한 평가의 측면으로 생각하기 시작했다. 페덱스 같은 기업은 팀워크, 성실성, 책임감, 충성심을 중요한 평가 항목으로 채택했다. 같은 값(직무수행 능력)이면 인성이 좋은 인재가 더욱 큰 성과를 내고 조직에도 기여한다는 것을 알았기 때문이다. 아울러 팀워크를 중시하는 기업의 경쟁력이 높다는 것을 인식해가기 시작했고 그러한 미국 기업의 변화는 동양적 문화를 갖춘 기업군의 성공에서 그 시사점을 발견했기 때문이다.

6

기업의 실제 인재상은 무엇인가

국내 주요 기업의 인재상

주요 기업군의 인재상을 보면 표현에 조금씩 차이가 있지만 인재상의 대부분은 인성 영역이다. 인간의 기본적인 됨됨이(인성)와 사람들과 어울려(팀워크), 일을 잘할 수 있는 열정과 패기, 도전 정신은 어느 기업이나 원하는 인재상에 포함되어 있다. 눈 씻고 찾아보아도 일과 직접 관련된 직무 전문성을 주요 인재상으로 채택한 기업은 없다. 하지만 해고가 비교적 자유로워 인성을 덜 강조해도 되는 미국 기업은 좀 다르다.

삼 성	열정과 근성, 목표의식 적극성, 활력, 조직지향성(벽돌정신, 돌격앞으로) 반듯함과 선량함, 성실성, 책임감(사회인) 정직성, 도덕성, 공정성, 투명함 창의력과 혁신성 눈빛이 살아 있어야 함
현 대	도전정신, 창의력, 열정, 협력정신, 글로벌마인드
L G	주인정신, 도전정신, 혁신 능력, 열정, 팀워크, 고객지향성 선택과 집중 능력, 일과 생활의 조화 능력
S K	공동체의식(SK VALUE), 패기, 실천역량, SELF LEADERSHIP
포스고	전문성, 도덕성, 적극성, 혁신능력, 성과지향성
한화그룹	신의를 지키는 사람, 창의와 열정을 가지고 도전하는 사람

미국 기업의 인재상들

사실 미국 기업의 통합적인 인재상은 찾기가 쉽지 않았다. 직무별로 다양하여 하나의 통일된 문장으로 표현하기 어렵다고 판단하기 때문이다. 그렇다 하더라도 그 기업이 추구하는 지향 가치에 적합한 모델이 인재상에 해당하지 않을까 생각된다. 다음은 그 기업의 경영 이념과 지향 가치에서 추출해본 공통 인재상과 구성원(사람)에게 기대하는 바를 나름대로 요약해본 것이다.

CISCO SYSTEMS	고객지향성, 목표지향성, 변화, 팀워크, 오픈마인드, 소통 능력
GE	도전 정신, 목표지향성, 변화에 대한 의지
3M	혁신 능력, 고객지향성
MOTOROLA	고객지향성
Microsoft	인간애, 조직지향성, 미래지향성
HP	사람에 대한 존중, 인간관계, 성취 욕구, 팀워크, 혁신 능력, 융통성

미국 기업의 사례를 보면 우리나라 기업보다는 직무와 관련된 내용이 많다. 목표지향성, 성취지향성, 고객마인드 등이 업무와 관련된 것으로 볼 수 있고 열정과 관련된 것도 직접적인 업무 성취와 닿아 있는 점을 느낄 수 있다.

면접과 채용 전형은 기업과 개인의 궁합을 보는 자리다. 남녀가 선을 보는 자리와 다르지 않다. 서로의 장점만 내세운다면 나중에 어쩔 수 없이 드러나는 단점 때문에 헤어지는 아픔을 겪어야 할지 모른다. 설사 그렇지 않다 하더라도 평생 서로에게 불만족하며 끙끙대고 후회스러운 삶을 살아야 할지 모른다. 그래서 생긴 대로 보여줘야 한다. 그래야 나중에 헤어지는 일이 적다.

하지만 지금의 취업 현실에서 지원자들에게 단점을 드러내라고 말할 수는 없을 것 같다. 여성은 10명인데 남성이 500명이라면 50 대 1의 경쟁을 뚫기 위해 남자는 여성에게 자신의 좋은 면, 장점만을 강조할 수밖에 없을 것이다. 현재의 취업 여건은 이와 비슷하다.

따라서 면접관들은 지원자의 감춰진 단점과 조직과의 비적합성을 찾아내려고 노력한다. 지원자들이 가능하면 긍정적인 면만 보여주려고 하기 때문이다. 일단은 만나서 같이 사는 게 목적이니까. 또한, 좀 부족한 부분이 '능력' 영역에 해당된다면 노력과 교육으로 향상과 개선이 가능하기 때문이기도 하다.

2장

살아온
인생 자체가
1차적인
면접 준비다

1 취업보다 스스로의 인생관을 정립하라

난 무엇을 좋아하는가

취업이 자신의 인생관과 맞는다면 이보다 더 좋을 수가 없다. 내가 원하는 일이고 하고 싶은 일이고 잘하는 일이라면 그보다 좋은 직업이 어디 있겠는가. 오래 전에 만났던 가수 송창식 씨는 '노래하는 것이 늘 즐겁다'고 했다. 2시간짜리 음악 공연을 하러 와서는 공연이 끝나고 난 뒤에도 '밤새 노래하고 놀까요?' 라고 말한다. 그만큼 일과 자신이 하나가 되는 것이다. 즐겁게 노래하고 놀면 돈도 나오고 생활도 되니 그런 직업이 어디 있을까? 하지만 일반적인 기업에 취업하는 경우 이런 천생연분 같은 궁합을 만나기가 쉽지 않다.

인사부장 시절에 후배가 인사 면담을 하러 찾아왔다. 필자가 보기에는 큰 문제가 없는 업무 같았는데, 본인은 '적성에 안 맞으니 다른 부서로 옮겨 달라'고 했다. 필자가 말했다.

"나도 이 자리가 적성에 안 맞아. 내 적성은 아침 늦게까지 자고 10시쯤 일어나 라면 하나 끓여 먹고 당구나 치면서 소일 하다가 저녁에는 친구들과 소주 한잔하는 거야."

아침에 일찍 일어나서 회사에 나와야 하고 상사에게 꾸중 들으며 고객에게 스트레스 받아야 하는 직장 생활이 적성에 딱 맞는 사람이 누가 있겠는가. 다만 필자가 아는 분 중에는 '아침에 얼른 출근하고 싶은데 해가 빨리 떠오르지 않아서 고민이었다'는 사람도 있긴 했지만 대부분은 조직에 매인다는 상황 자체를 족쇄로 여긴다. 월급 받아 생계를 꾸려나가야 하는 가장으로서 어쩔 수 없이 직장에 나오는 사람들이 대부분이다. 목구멍이 포도청이라 듣기 싫은 상사들의 잔소리나 꾸지람도 참고, 짜증나는 고객들의 민원도 저녁에 소주 한잔하면서 웃으며 넘긴다. 그런 상황을 즐길 상태가 아니라면 사전에 자신의 인생관을 정밀하게 판단해보고 가능하면 잘할 수 있는 일, 좋아하는 일을 찾아보는 게 가장 최우선의 취업 노력이 아닐까 생각해본다.

부모의 조언을 들어라

억지로 하기 싫은 일을 하면 인생도 꼬이고 중압감에서 벗어나

부모는 면접을 이해하기 위해 가장 먼저 만나야 할 사람이다.

기 어려울뿐더러 일과 조직에 부정적, 소극적이 되어 개인이나 조직에 다 이롭지 못하다. 늘 투덜거리며 일하는 사람을 많이 봤겠지만 어차피 선택한 일이라면 즐기는 자세가 좋다.

누군가 '피할 수 없으면 즐겨라'는 격언을 남겼지만 애초에 피할 일을 만들지 않으려면 면밀히 자신의 인생을 사전에 설계해서 세상에 나와야 한다.

필자는 자식들을 교육할 때 가장 하고 싶은 일, 가장 잘할 수 있는 일을 생각해보도록 종용했다. 꽉 짜인 일반 조직 생활에 적합지 않은 품성이라 판단하고 라이선스를 취득해 자영업이나 전문인이 되라고 권고했고 다행히 말귀를 알아듣고 그 길을 가고 있다.

　　지금 세상에는 20~30년 전과 달리 4만여 종의 직업이 있다. 필자는 대기업에 취업하고 나서 다른 대부분의 사람들도 기업에 취직해 직장 생활을 하고 있을 것으로 오판했다. 하지만 평일 지하철을 타보거나 시내를 다니다 보면 오히려 자영업을 하거나 전문가로 살아가는 사람들이 절반은 넘는 것 같다. 대개는 자기가 속한 직업군에만 눈이 가면서 세상을 좁게 보기 마련인데 잘 살펴보면 우리 인생을 걸 직업들이 널려 있다. 나중에 선택당하지 않으려면 사전에 충분히 살펴보고 자신의 적성과 능력에 적합한 직업을 고르는 것이 중요하다.

　　물론 사회에 나오기 전인 젊은 나이에 그런 인생관을 제대로 정립하기가 만만치는 않으나, 연습도 각본도 없고 두 번 살 수도 없는 인생을 제대로 살려면 계획과 목표를 분명히 하는 게 훨씬 유리하다. 사전 준비를 할 때 부모의 조언이 필수임은 두말할 나위 없다. 필자도 학창 시절에 선명하게 정리한 인생관은 없었지만 자식들은 그렇게 살지 않게 하기 위해 조언한 기억이 난다. 스스로 하기 어려우면 인생을 더 오래 살아본 어른들의 조언을 마다하지 않아야 한다.

학창 시절, 무엇을 준비할 것인가

인생관을 정하라

인생을 계획하는 일은 어려울지 모른다. 하지만 자신의 인생관을 정했다면 그 길을 어떤 수순으로 밟아갈 것인가도 정해야 한다. 인생관이 확실하면 그 길에 필요한 자질은 무엇이며 무엇을 언제 준비해야 하는지도 조금은 분명해진다.

인생관은 일종의 가훈 같은 것이 아닐까 싶다. 스스로 정하는 생활의 법칙이나 규범 같은 것이다. 만약 음악가가 되겠다고 본인의 인생관을 정했다면 학창 시절부터 해야 할 일이 많다. 둘째 아이가 어떤 연유에서인지는 알 수 없었지만 초등학교 시절 갑자기 골프 선수가 되고 싶다고 했다. 그래서 골프연습장에 등록하고 한동안

연습에 몰두하기도 했다. 6개월간 연습 후 실제 필드라운딩을 한번 해보더니 '그냥 공부하겠다'고 방향을 선회했다. 프로 골프선수가 되는 일이 공부해서 평범하게 살아가는 것보다 비교 안 될 정도로 어렵다는 것을 깨달았기 때문이다. 지금은 다른 라이선스를 따고 취업 걱정이 없는 상태가 되었지만 젊은 시절의 직업과 인생에 대한 방황은 필요악이라고 본다.

하기 싫은 일을 억지로 해야 하는 것만큼 재미없는 인생은 없다. 필자는 입사할 당시 입사지원서의 지원사유란에 이렇게 썼다. '기업의 인사전문가가 되어 기업이 필요로 하는 적재적소에 인재를 채용하고 양성하는 일을 하겠다'고. 지금 되돌아본다면 약 30년에 가까운 시간을 인사조직관리자로 일했으니 당초의 인생 설계대로 꿈을 이룬 것이라고 스스로 생각한다. 주변에는 자신의 인생설계도도 없이 닥치는 대로 살아가는 직장인이 많다. 하지만 계획이 분명하면 성취하기도 훨씬 쉽다.

필자가 인사부장으로 재직할 당시, 후배들이 입사 10년차가 되면 그들이 입사할 때 제출했던 '입사지원서'를 카피해서 나눠주었다. 자신이 10년 전에 쓴 직장생활계획서를 다시 보고 계획대로 잘 가고 있는지를 점검하도록 하기 위해서다. 그러나 필자의 기대와는 달리 대부분은 입사지원서에 무어라고 썼는지를 기억하지 못했다. 그러고는 자신이 쓴 입사지원서를 보며 픽 웃는다. 당시는 입사가 목적이라 감언이설과 좋은 글귀로 도배를 해놓았기 때문에 정작 자신의 인생설계도가 아닌 경우가 많은 것이다.

학창 시절에 막연한 꿈 말고 좀 더 구체적인 인생 항로를 설정해 놓는다면 보다 쉽게 자신이 원하는 인생을 살 확률이 높아진다. 어디로 왜 가야 하는지를 정하지 않고 항해에 나선다면 인생의 배는 엉뚱한 데로 흘러가거나 이리저리 왔다 갔다 할 것이다. 나중에 후회하더라도 다시 돌이키기 어려운 것이 한 번뿐인 인생이다.

필요한 자질들을 파악하라

이번 항에서는 스스로의 인생관과 인생의 방향을 직장 생활로 정한 경우에 한정해 말하고자 한다. 면접은 그런 사람을 대상으로 행해지기 때문에 자영업이나 전문 영역, 예술가로 인생 항로를 정한 사람에게는 이 항이 적절하지 않다.

전 장에서 말한 대로 우리나라 기업의 면접은 주로 인성을 판단하는 절차라 직무 능력과 자질이 절대적인 부분을 차지하지는 않는다. 하지만 비슷한 판단을 내려야 할 지원자라면 소위 스펙을 준비한 사람에게 가점을 더 줄 수밖에 없다. 왜냐하면 그래도 사전에 준비하고 노력한 사람이 입사 후 더 열정적으로 일할 가능성이 높다고 판단하기 때문이다.

인성은 선택하는 것이지 양성하는 것이 아니다. 그래서 지원자 본인이 자신의 인성을 스스로 잘 판단하여 적합한 직종을 찾아가야 한다. 내성적인 인성을 가졌다면 심사숙고하고 판단하며 사무실에서 주로 근무하는 직종이 적합할 것이고, 외향적이고 활동적인 인성을 가졌다면 현장에서 뛰며 고객과 함께하는 직종이 더 적합할 것이다. 이러한 준비를 할 때 염두에 두어야 할 것들이 있다. 이전에 말했듯이 면접위원(기성세대)은 최근 취업세대 대부분이 자질이 부족하다고 생각한다. 조직 생활 경험 부족이나 개인주의적인 사고방식, 의사결정력 부족 등은 현재의 환경상 기성세대들이 보기에 부족한 부분이다. 본인의 잘못이 아닌 사회구조상 생긴 문제지만, 이런 항목들을 보완하는 준비를 사전에 해놓는다면 면접에서 가점을 받을 확률을 높일 수 있다.

하루 두 개의 신문을 꼭 읽어라

늘 신문 두 개는 제대로 읽고 살아야 취업에 유리하다. 경제신문 하나와 일간지 하나는 읽어야 세상이 돌아가는 것을 알고 세상과 호흡하고 있다는 평가를 받을 수 있다. 면접을 볼 때 시사문제가 질문이나 토론의 주제가 되는 경우가 많다.

요즘 젊은이들은 이전 세대보다 신문을 가까이 하지 않는다. 인터넷이 발달했고 정보를 얻을 수 있는 도구들이 널려 있으니 자연히 신문과는 친하지 않다. 우리 집에도 장성한 아들이 둘이나 있지만 배달오는 신문을 보는 것을 본 적이 별로 없다. 자신이 생존하고 생활하는 데 필요한 정보들을 인터넷이나 스마트폰으로 거의 다 얻을 수 있다고 생각한다. 그들이 간과하는 것은 신문에는 인터넷에서 볼 수 없는 정말 많은 지식과 지혜들이 포함되어 있으며, 논리적으로 사고하고 발표하고 표현하는 법을 배울 수 있다는 점이다.

일반적으로 젊은 층은 연예뉴스나 예능에 관련된 것들을 주로 보고 싶어 하니 동영상이나 사진이 많이 제공되지 않는 신문을 읽기 꺼리는 것인지는 모르지만 필자로서는 안타깝기 그지없다. 바쁜 아침 시간에 논설을 꼭 읽지는 못하지만 그래도 사회가 돌아가는 상황을 신문을 통해 알 수 있고 대응 방법도 생각할 수 있다. 경제신문은 경제 상황이나 화제, 기업 동향을 파악할 수 있는 가장 좋은 방법이다.

신문은 인터넷과 달리 내가 원하지 않는 것도 보여준다. 그러다

스마트폰 시대에 신문을 읽는 것은 오히려 장점이 된다.

보면 의외로 도움이 되는 기사를 발견할 수도 있다. 인터넷이나 TV 방송은 본인이 원하는 테마만을 보기 때문에 종합적인 시각을 형성하는 데 장애를 준다. 어릴 때부터 억지로라도 신문을 읽는 습관을 길들이면 나중에 기업에 취업해 일하는 데 많은 도움을 받을 것이다.

다양한 독서를 통해 통섭적 사고를 길러라

면접뿐만 아니라 일을 할 때도 통섭적인 사고가 가능하다면 훨씬 쉽게 풀린다. 자신이 전공한 학문이나 인접 학문에 대해서는 당연히 전문성이 높겠지만 반대편에 서 있는 학문에 대해서도 일정 수준의 공부를 해야 종합적이고 통섭적인 접근이 가능하다.

입사 후에는 한 방향만의 접근으로는 풀리지 않는 문제들을 많이 만난다. 인문학을 전공한 사람들도 이학을 공부하거나 접할 필요가 있다. 반대로 이학을 전공한 사람들이 인문학을 공부하면 의외로 종합적인 해결책이 보이기도 한다.

필자가 1990년대 초중반에 경제연구소로 발령을 받아 다른 기업들의 조직 진단과 인사제도 설계를 담당할 때의 일이다. 능력주의를 다른 기업에 심는 것이 당시 필자의 주 임무였었는데 당시 풀지 못한 고민은 서양에서는 너무나 일반화되어 있는 능력주의·성과주의가 왜 우리나라 기업에서는 잘 통하지 않느냐는 점이었다. 일한 만큼, 능력을 보유한 만큼 대우해주는 인사시스템을 총론적으로는 다 찬성하면서 막상 제도화하면 작동을 잘 안 하는 것이 문제였다.

이 문제를 풀기 위해 밤을 새워 끙끙된 적이 하루이틀이 아니었다. '왜 우리나라는 능력주의를 잘 받아들이지 못할까?'가 고민의 화두였다. 능력주의·성과주의는 경영학적인 논리로는 너무나 당연한 일인데 우리나라 기업들은 대부분 경력이나 나이를 중시하는 연공주의로 인력을 채용했다. 이 문제를 한참 고민하다가 엉뚱한 발상을 했다. 우리나라는 서양과는 달리 유교를 중시하고 장유유서의 풍토가 체질화되어 있으며 어른을 중하게 여긴다는 점에 대해 그 원인을 찾아 들어가다 보니 역사학과 지리학, 고고학까지 연구하게 되었다. 결국은 지구의 구조에서 이 문제의 근원적인 원인을 찾을 수 있었는데, 만약 경영학이나 조직론으로만 연구를 했다면 영원히 그 해답을 찾을 수 없었을 것이다. 당시 내가 내렸던 결론은 이랬다. 우랄알타이 산맥 우측인 동양은 긴 강이 많아서 논 농사를 쉽게 지을 수 있었고, 때문에 단체와 상경하예의 전통을 갖게 되었다는 것이다. 이처럼 학문과 이치는 인간이 임의로 분류해 놓기 전의 통섭적인 접근으로 그 해답을 풀어가야 할 것이 적지 않다. 따라서 우리가 기업에서 일을 제대로 잘하려면 학교에서 익힌 지식과 자기 분야의 전공 능력 말고도 많은 부분의 지식이 융합되어야 하기 때문에 젊은 시절에 많은 분야의 다양한 서적들을 읽어놓으면 일하는 데 큰 도움이 된다.

미국에서도 이러한 융합적이고 통섭적인 사고 능력을 가진 자를

다양한 독서 활동은 통섭적 사고를 가능하게 한다.

우대한다. MBA 출신을 선호하지만 그중에서도 이학을 전공하고 사회 경험을 일부 한 후에 MBA 자격을 딴 사람이 가장 우대받는다. 경영학이나 인문학을 전공하고 다시 MBA를 거치면 더 전문적인 능력을 갖출 것 같지만 실상은 그 사고나 대안을 찾는 폭이 좁기 마련이다. 사회의 모든 학문은 인간을 더욱 스마트하게 살게 하는 것이 궁극적인 목적이다. 한쪽으로만 치우친 연구와 몰입은 깊이는 있을지 모르나 인생의 다양한 방법론을 제한하기 때문이다.

어떤 세일즈에 관한 책에서 읽은 이야기다. 신참 자동차 판매사원이 참 설득하기 어려운 고객이 있었는데 자신의 컴퓨터 실력을 이용하여 그 고객의 자녀를 가르쳐줌으로써 고객에게 감동을 주고 자동차 판매에 성공할 수 있었다는 이야기였다. 또 어떤 비즈니스 맨은 고객의 부인이 베토벤에 열광한다는 점을 알고서 오래되고 귀한 LP판을 구해줌으로써 어려운 거래를 성사시킨 경험이 있다는 이야기를 했다.

이렇듯 학문이나 업무는 한가지 정해진 방향으로만 흘러가지 않는다. 엉뚱한 지식이나 경험으로 일이 쉽게 풀려가기도 한다. 공부할 때는 이게 무슨 소용이 있을까 생각할 수도 있지만 의외로 도움이 되는 일이 생긴다. 독서란 콩나물에 물을 주는 일과 같아서 당시에는 아무런 효과나 영향을 기대하기 어렵다. 필자가 어릴 때는 집집마다 물동이 같은 곳에다 콩나물을 길렀다. 콩을 넣고 물을 주면 물은 아래로 다 빠져나오지만 콩나물은 자랐다. 우리의 머리도 마찬가지이다. 다양한 독서가 금방 큰 효과를 내기는 어렵다. 하지만 계속 독서를 하다 보면 언젠가는 그 효과가 발휘된다. 필자가 지금 작가로서 활동할 수 있는 기반도 고등학교 시절부터 다양한 책들을 접한 결과가 아닌가 생각한다. 굳이 정독할 필요는 없다. 통독도 자주 하다 보면 어느새 지식과 지혜가 머릿속에 쌓인다. 이는 콩나물을 키우는 이치와 다름 아니다.

부모 세대와 기탄없는 대화를 통해 자신을 거울에 비춰보라

지원자들은 보통 부모와 대화를 잘 하지 않는다. 부모는 면접관들과 같은 나이 세대인 경우가 많으므로 부모를 통해 면접관의 심리를 읽기 쉬운데도 말이다. 필자는 필자를 찾아오는 취업희망자들에게 부모와의 대화를 강조한다. 부모님과 자주 대화하고 부모님이 걱정하는 것을 풀어갈 수 있어야 면접에 통과하기도 쉽다.

우리가 면접 전에 거울을 보고 용모를 단정하게 준비하듯이 부모와의 모의 면접은 자신의 인성과 적성을 비춰볼 수 있는 좋은 방법이다. 물론 부모는 자기 자식에게 우호적일 수밖에 없다. 그래도 냉정한 면접관이 되어 자기 자식들을 훈련시켜줄 필요가 있다.

부모가 살아온 가치관이나 행적과도 관련이 있다. 부모가 바르게 살아왔으면 자식들도 부모 모습대로 생각하고 행동하므로 취업 면접에 통과하기가 쉬울 것이다. 아무튼 부모님이나 삼촌 세대는 대부분의 기업에서 면접관과 같은 세대다. 이들을 통하여 사전 면접을 해보는 것이 다른 모든 준비, 노력보다 더 요긴하다. 자식들이여 부모에게 숨기지 말고 취업 준비에 부모를 활용(?)하라. 이게 필자가 취업지원자들에게 꼭 하고 싶은 이야기이다.

여럿이 어울리는 사회 활동을 가능하면 일찍 시작하라

기업이나 사회의 다양한 조직들은 필히 많은 수의 구성원을 품고 있다. 1인 기업도 있지만 대개는 5인 이상이며 많게는 수만 명, 수십만 명의 대규모 구성원을 가진 기업 집단도 있다. 요즘 지원자들은 적은 형제자매와 핵가족 속에서 자란 이유로 대단위 조직을 경험한 일이 선배들보다 적은 게 현실이다. 그러므로 취업 전에 다수의 구성원이 활동하는 일에 적극 참여한 경험을 가져보는 게 기업 생활에 조기 적응하는 데 유리하다. 면접위원이 이런 활동 경험을 물어보는 이유도 그와 같다.

종교 활동이나 사회 활동을 일찍 시작하는 것도 매우 중요한 준비 과정이다. 혼자가 아닌 많은 사람들과 활동하다 보면 대를 위해 소를 희생해야 하는 경우도 만나게 되고 예기치 않은 상황이나 장애 요인도 만난다. 이런 일들을 겪어보고 극복해본다면 입사 후에 조직 생활에서 발생하는 여러 가지 상황을 좀 더 침착하고 지혜롭게 대처하는 것이 가능하다. 보이 스카우트라든지 조기 축구회나 테니스반 혹은 기타 운동 모임이나 산악회 등도 좋으며 사회 활동을 하는 모임도 좋다. 아무튼 이러한 경험을 통해 조직 생활의 모델을 미리 알아둔다면 면접에서 유리한 점수를 받을 수 있다.

작은 동아리라도 리더 경험을 해보는 게 중요하다.

과외 활동을 할 때 꼭 리더 역할을 경험하라

조직에 들어가면 책임감을 가지고 일해야 하며, 관리자가 되면
부하를 거느리고 일해야 한다. 아울러 고객과의 만남과 대면 업무
도 필수적이다. 학창 시절에 학과 대표나 동아리의 리더를 경험하
면 이런 능력을 기를 수 있다. 많은 수의 멤버들을 관리하려면 의견
을 모아서 조율할 줄 알아야 하며, 정책을 정하고 집행해야 하고,
적지 않은 갈등과 마찰을 조정해야 한다. 이런 과정에서 리더십과
책임감이 길러지고 갈등을 조정하는 능력과 대인관리 능력이 자연
스럽게 양성된다. 특히 요즘 세대가 사람들과 어울려서 팀워크를
만들고 성과를 이뤄가는 경험이나 능력이 떨어지기 때문에 그러한
리더로서의 경험은 부족한 능력을 보완했다는 증명이 된다. 이는
학창 시절에 만들어야 하는 스펙이라면 스펙이랄 수도 있지만, 적
극성과 주도성을 양성할 수 있는 좋은 경험이라고 생각하라.

봉사 활동이나 헌혈도 적극적으로 참여하라

요즘 세대에게 부족하다고 판단되는 것이 이웃이나 타인에 대한
배려다. 과거 세대는 어려운 시절을 겪었고 나눔이나 베풂을 일상
적으로 경험했던 세대다. 경제적으로 가난한 시절을 거치면서 아픔
과 배고픔도 알고 이웃들의 모습도 보아왔기 때문에 더불어 살아야

하는 회사 생활도 비교적 잘 적응했다. 어려움을 겪으며 성장한 사람들이 봉사 활동에 적극적인 것 같다. 그런 이유로 우리 아이들 세대가 봉사 활동에 약한지도 모른다.

요즘 세대들은 나누고 살 기회들이 상대적으로 적었기 때문에 강한 자존심이나 자의식은 있을지 모르나 남에 대한 배려가 상대적으로 약하다. 그런 단점을 보완하기 위해 봉사 활동이나 헌혈 등 타인을 배려하는 활동을 경험하는 게 중요하다.

필자는 요즘 주말마다 집 부근의 노인복지회관에서 노인들에게 점심을 배식하고 설거지를 도와주는 일에 참여하고 있다. 얼마 전 노인복지회관에 중고생 또래들이 몇몇 와서 배식을 도와주고 몸이 불편한 할아버지, 할머니들을 부축하며 식사를 도와주는 것을 목격했다. 부모님을 따라와서 같이 봉사 활동을 하고 있는 것이다. 봉사 활동 점수가 학교 생활 성적에 반영되는 때문이기도 하지만, 그런 목적보다는 남과 타인을 배려하고 나를 희생하는 활동을 통해 사회에 나와서도 반듯하고 균형 잡힌 인재로 성장할 인프라를 마련하는 것이라고 나는 생각한다.

군대는 정상적으로 필하는 것이 더 유리하다

한동안은 우리나라에서 대통령이나 장관 등 고위 공직을 맡으려면 병역을 면제받아야 한다는 냉소 섞인 우스갯소리가 유행했었다.

참으로 안타까운 현실이지만 사회 지도층들이 이런저런 방법으로 군 입대를 회피한 경우가 적지 않은 탓에 이런 비판의 목소리가 나온 것이다. 하지만 기업은 많은 사람들과 어울려 성과를 만들어 가는 조직이라 대단위 구성원들과 생활해본 경험이 의외로 중요하다.

아울러 국민의 4대 기본 의무인 병역의무를 필하지 않은 남자는 부선망 독자(어머니가 임신 중에 아버지가 돌아가셔서 아무런 형제도 없이 아들 하나뿐인 가족관계)나 몇몇 경우를 제외하고는 바람직하지 않다. 이런저런 사유로 회피했거나 신체적, 정신적으로 병역의무에 적합지 않다는 국가적인 판단이기 때문에 기업은 그런 자원을 여러 가지 이유로 마땅치 않게 생각한다. 아울러 아직 입대를 하지 않은 사람에게는 가능하면 군장교로 병역을 마칠 것을 권한다. 기업은 같은 군필자 중에서도 상대적으로 장교 출신을 더 선호하기 때문이다.

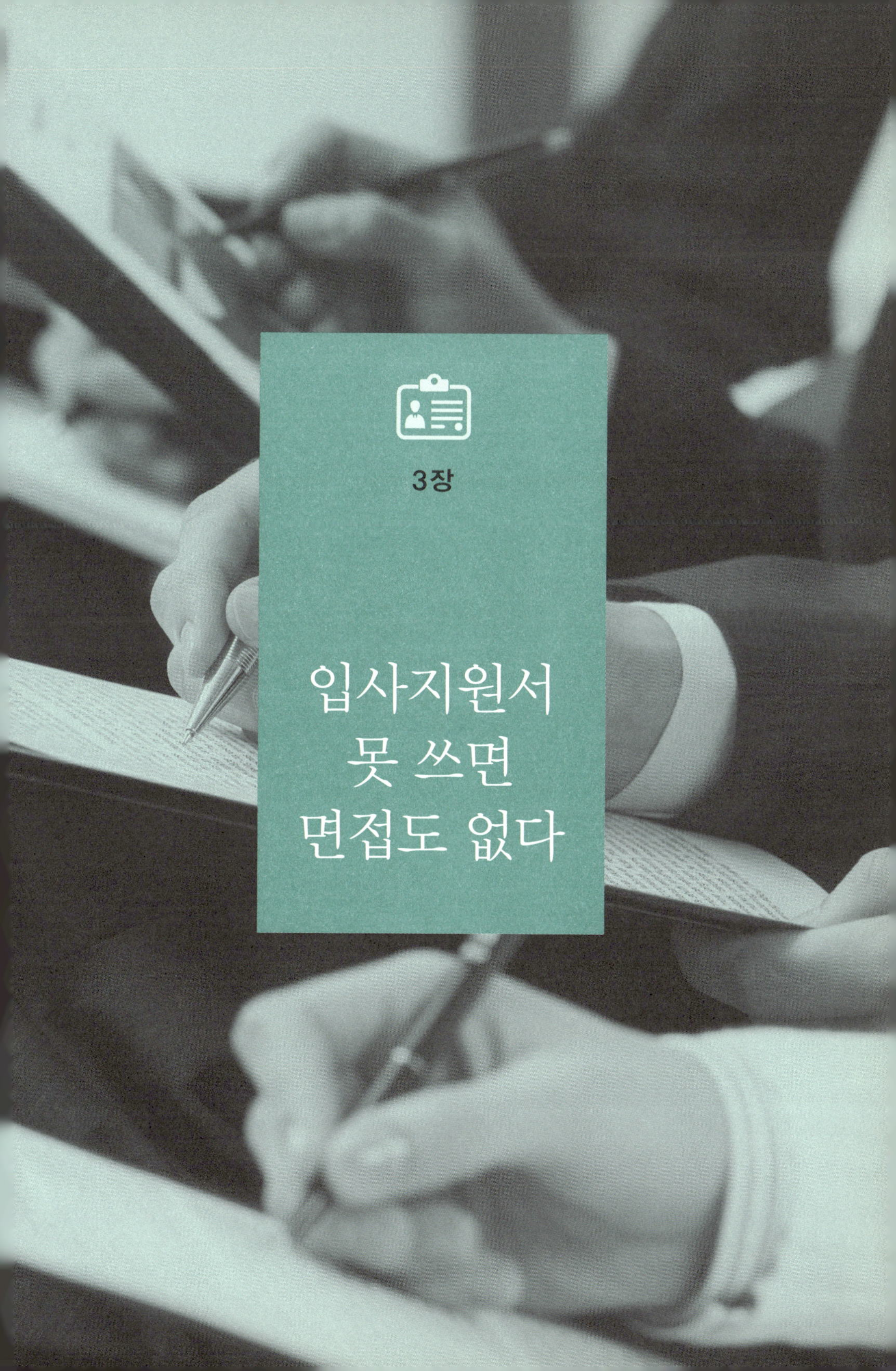

3장
입사지원서
못 쓰면
면접도 없다

입사 지원서 필수 항목별 작성 요령

기업이 무엇을 알고 싶어 할까를 생각하라

기업에서 알고 싶어 하는 것을 적극적으로, 참신하게 알려주면서 자신의 잠재 가치를 긍정적으로 부각시켜라.

●●● 나이

나이는 대체로 적은 것이 유리하다. 선택이 가능하다면 '만'으로 표시해라. 그 시기에 적정 연령인 사람을 채용해야 조직의 구조도 순리적이 된다. 법규상 나이 제한이 없지만 그래도 기업 입장에서는 고령자를 채용하고 싶어 하지 않는다. 요즘 많은 지원자가 6개월 전후 휴학하면서 해외 체험을 하는 경우가 다반사이니 1년 정도의 적정 연령 초과는 문제가 되지 않는다. 2년 이상의 경우에는 납득할만한 사유를 설명할 준비를 해야 한다. 취업 적정 연령보다 나이가 많은 경우 합리적인 이유나 피치 못할 사유가 있다면 어떤 형태로든 꼭 밝혀라.

아직 우리나라에서는 나이가 중요한 변수다. 나이 어린 후배 밑에 고연령이 들어가서 근무하는 것은 여러 가지로 자연스럽지 않게 보기 때문이다. 특히 대부분의 면접위원은 나이를 중요시하던 시절에 태어나고 자랐기에 더욱 그렇다. 필자는 학교 공부가 길어지고 군 생활도 오래 하는 바람에 서른 살에 입사했다. 당시 평균 입사자보다 2~3년 정도가 늦은 셈이었다. 세월이 한참 지나고 보니 별일은 없었지만 나이 어린 선배들이 필자를 편하게 대하지 못했다. 안 되는 일은 아니나 자연스러운 모습도 아닌 것이다.

● ● ● 출신지

출신지는 그 기업의 사업장 소재지가 있는 근처가 유리하다. 기업에 따라 전국에 지점망이 있는 경우가 있고 제한된 지역에 사업장이 있는 경우도 있다. 기업 입장에서는 가능하면 출퇴근이 용이하고 가족이 함께 생활해 안정된 가정생활을 영위할 수 있는 지원자를 뽑고자 한다. 현재 거주지가 아니더라도 사업장이 있는 곳에 연고(고향, 인척)가 있으면 표시해라.

평균적으로 지방은 지망자가 적어서 입사가 더 유리하다. 예전 필자의 회사에서 전국 주요 도시에 근무할 경력사원을 채용한 적이

있었는데 서울 사람이었는데도 불구하고 광주 지역을 지원한 사람
이 있었다. 서울 지역은 경쟁률이 셌고 지방은 상대적으로 낮았다.
낮은 경쟁률 속에 그 지원자는 합격의 영광을 누렸다. 이렇듯 근무
지역 선택도 전략이 필요하다. 입사가 절실하면 이렇게라도 입사한
후 2~3년 지나고 원하는 곳으로 옮기면 된다.

●●● 가족 사항

혼자 또는 한두 명이 모여 창조적이거나 전문적인 일을 하는 조
직을 제외하고, 대부분의 기업들은 핵가족보다 대가족을 선호한다.
가정에서 작은 규모이긴 하지만 조직 생활을 경험한 것으로 판단하
는 것이다. 따라서 외동이나 독자는 상대적으로 선호하지 않는다.
조직 생활 경험이 적고 과잉보호로 성장했거나 외부 자극에 대한
스트레스 내성이 약하다고 판단한다. 일가친척이나 조부모들과 같
이 기거하거나 그렇지 않다 하더라도 가족이 많이 있는 것으로 표
현하는 것이 유리하다(조카 등도 표시). 최근 가족 사항도 프라이버
시로 생각해 자기 소개서 기록란에서 빼는 경우도 있고, 대기업에
서는 직접 물어보지 않는다. 하지만 면접위원은 궁금해한다. 그래
서 인성 판단이 애매한 경우는 '가족 자랑 한번 해보세요' '부모님
을 존경하는 이유를 설명해보세요' 등의 이런저런 교묘한 질문 방
법을 동원해서 가족 상황을 알아본다.

●●● 병역 사항

기업은 대체로 군필자, 특히 장교 출신, 그중 ROTC를 제일 선호한다. 최근에는 사병보다 현저히 긴 복무 기간과 훈련 때문에 스펙 쌓기가 불리하다고 판단해서 장교로 입대하는 것을 꺼리는 경향도 있지만, 기업은 같은 조건이면 장교 출신을 채용하려 한다.

장교 출신은 조직 지휘 경험, 조직(국가)에 대한 헌신, 충성심이 이미 형성되어 있어 기업에도 충성할 가능성이 높다고 판단하고 실제로도 그렇다(노사 분규 때나 회사가 위기에 처했을 때 성향이 나타난다). 다만 4년 이상의 장기 복무자는 또 다른 조직 생활의 습관이 생성되어 있을 거라고 생각하기 때문에 선호하지 않는다.

군필을 못한 경우 합당하고도 설득력 있게 정당한 이유를 설명할 수 있어야 한다. 병역 기피로 판단되는 경우는 합격 가능성이 현저히 낮아진다. '디스크, 고혈압, 과체중 등 기타 질병이나 상해 등의 사유로 면제되었으나 지금은 건강하다'고 항변해도 일반적으로 잘 납득하지 않는다. 일단 병역면제는 가정의 구조적 사유를 제외하고는 정상적으로 활용할 수 없는 자원이라는 국가의 공식적 판단이므로 취업에도 부정적으로 반영될 수밖에 없다. 전문 능력을 중시해 군필 여부를 따지지 않는 직종도 있지만 대체로 열정과 근성, 투지와 건강, 정직성과 충성심을 요구하는 대부분의 회사나 업종에서는 군 면제자는 환영받을만한 존재가 아니다. 따라서 정규 병역필이 가장 바람직하다. 그렇지 못한 경우에는 납득할만한 사유를 밝히거나, 면접 과정에서 설명할 기회를 만드는 것이 좋다.

동일한 레벨의 학교군이라면 학교 성적이 우수한 편이 기본적 두뇌를 갖췄으며 근면하고 성실한 사람으로 판단된다. 다만 학교 성적이 좋다고 해서 회사 생활도 잘할 것이라는 판단은 하지 않는다. 서류전형에서 출신 학교를 중시하는가는 공개적으로 단정하기 어려우나 실제로 기업 입장에서는 그렇다고 생각해야 한다.

대학에 들어갈 때 분명한 수학 능력의 차이가 있었기 때문에 수많은 지원서 중에서 우수 자원을 가려내려면 출신 학교를 볼 수밖에 없는, 어쩔 수 없는 현실임을 수긍해야 한다. 국내 유수 대학 출신은 여러 군데 합격하고 상대적으로 수준이 낮은 대학 출신은 자주 불합격하는 현상을 보아도 인정해야만 하는 현실이다. 법적으로 차별은 못하게 되어 있으나 제3자들이 그 전형 과정을 속속들이 알기 어렵기 때문에 따질 수도 없다. 보이지 않는 벽이 있음은 부인할 수 없는 사실이고 이런 일로 인해 상대적으로 하위권 학교 출신 지원자들이 좌절을 겪는다. 필자가 인사실무자로 근무할 당시에도 내부 기준이 있었다. 다만 드러나지 않을 뿐이다. 이런 일들이 대외적으로 문제가 될 수도 있기 때문에 요즘에는 서류전형 심사 작업을 외부 전문 기업에 아웃소싱하는 경우도 흔하다. 전형의 객관성 확보와 직원들의 업무량 축소, 학교 차별에 대한 책임회피를 염두에 둔 판단이 아닐까 생각된다.

한편, 학업 성적과 입사 후의 근무 성적 간에는 상관관계가 별로 없다. 입사하여 근무한 다수의 대상자들을 통계적으로 자세히 조사

면접관이 학업 성적에 대한 질문을 했다면 당신의 성적에 문제가 있다는 징조다. 그에 맞는 답을 준비해라.

해봐도 정의 상관관계는 거의 나타나지 않는다. 다만 학업 성적이 현저히 나쁘면 그 합당한 이유를 준비해야 한다. 그러나 그 이유가 정신적인 방황이나 가정불화 등 부정적인 이유라면 굳이 자세히 언급할 필요 없다. 대졸자는 전체 성적이 나쁘더라도 3, 4학년 성적이 좋으면 정상참작이 된다. 통상 대학 1, 2학년 때 공부에 몰입하는 경우가 드물다는 것을 면접관은 스스로나 주변의 경험으로 잘 알고 있기 때문이다.

학교 성적이 뛰어나지 않더라도 그 사유가 설득력이 있으면 정상참작이 된다. 그래서 자기소개서에 적당한 기회를 보아 성적 부진에 대한 적당한 변명을 기술할 필요가 있다. 예를 들면 '해외여행

을 통해 견문을 넓히려고 1, 2학년 때는 학업에 신경을 덜 썼다' 든
지, '사고와 생각의 폭을 넓히느라고 다른 분야의 독서에 몰두했
다' 든지 등이다.

필자가 인사부서장으로 재직할 때, 한 번은 별로 수준이 높지 않
은 학교 출신이면서 학교 성적도 나빴던 지원자가 있었는데 '학교
다닐 때 공부 외에 다른 곳에 관심을 가진 적이 있었느냐?' 라고 질
문을 던졌다. 그 지원자는 '학업 외는 신경 쓴 분야가 없었다' 고 대
답했다. 이러면 질문자의 의도를 놓친 것이다. 질문자는 학업 성적
이 나쁘니 필시 다른 일에 신경을 썼거나 아니면 정말 수학 능력이
떨어지거나 둘 중에 하나라고 판단하고 질문을 한 것인데, 공부만
했다는 대답은 결국 수학 능력이 떨어진다는 결론을 내게 하는 짓
이다. 결국 그 지원자는 탈락했다. 아마도 그 지원자의 생각에는 다
른 일에 신경 썼다고 하면 불리할 거라고 생각하고 그렇게 대답한
것 같은데 면접위원이 원하는 답이 아니었다. 면접위원은 '다른 사
람들보다 공부를 못했으니 혹시 다른 것에 시간을 빼앗겼는가' 를
우회적으로 물어봤는데 엉뚱한 대답을 한 것이다.

이런 질문을 할 때는, 면접위원이 보기에 사람의 인성은 괜찮아
보이는데 학교 성적이 좀 나쁜 경우다. 그래서 구제할 방법이나 빌
미를 찾으려는 것인데 엉뚱한 대답으로 불합격이 확정된다. 면접이
나 서류 작업을 할 때, 자신의 생각보다는 이 질문·항목의 의미나
취지·이유가 무엇일까를 순간적으로 판단해서 대답·기술해야 서
로가 원하는 방향으로 의중을 모아갈 수 있다. 그래도 지원서는 여

러 번 생각해보고 고쳐 쓸 수도 있으니 면접보다는 쉬운 편이다.

외국어 등급은 최신 것을 준비하고 노력하는 모습을 보이는 것이 중요하다. 외국어로 가점되는 경우보다는 낮은 점수로 감점되는 경우가 더 많다. 취업을 위한 최소한의 의지와 노력이라고 생각하기 때문이다. 다른 사람은 다 외국어에 능통한데 본인만 점수가 낮으면 열정이나 진실성, 입사 의지가 낮은 것으로 판단한다.

●●● 과외 활동

평균적으로 왕성한 과외 활동을 선호한다. 그런 활동을 통해 팀워크 능력이 형성되고 대인관계가 훈련되며 적극성과 열정이 형성되는 기회로 이해하기 때문이다. 다만 그 종류에 대하여는 호불호가 있다고 봐야 한다. 여러 과외 활동 중에서 스포츠 팀 활동이 가장 무난하고 호감을 준다. 팀 활동으로 정신적, 육체적 건강은 물론 팀워크, 희생정신, 책임감 등도 양성되었을 거라 믿기 때문이다. 운동팀의 리더로서 활동한 경험이 있으면 가장 선호하는 지원자로 분류된다. 다만 이념 서클 등 반 기업 정서가 형성될 가능성이 있거나 진보적인 성향을 띤다고 판단되는 과외 활동은 굳이 표시할 필요가 없다.

기업이나 조직에 대한 경험을 익힐 수 있는 관련 인턴 활동이나 아르바이트 등도 기재하면 기반 능력과 취업 의지가 있다고 판단하므로 면접관의 호감을 얻을 수 있다.

●●● 취미나 특기, 자격증, 봉사 활동, 헌혈 등

취미나 특기도 가능하면 회사 업무와 관련 있는 것 우선으로 설명한다. 여럿이 하는 팀 운동은 꼭 하나 이상 넣어라. 향후 조직 생활에서도 필요하다. 스트레스 내성, 건강과 활력, 적극성의 잣대가 된다. 운동에 대한 취미나 특기는 같은 취미를 가진 면접위원이 있으면 합격에 유리한 경우가 많다. 다만 어느 정도 전문성을 갖추지 못한 경우는 별로 도움이 되지 못할 수도 있다. 학과 대표 혹은 동아리 정도라 하더라도 리더의 경력이 있으면 더 유리하다.

특기나 자격증은 업무와 간접적으로라도 관련 있는 것이면 좋다. 그러나 전혀 관련 없는 경우는 오히려 취업 의지나 성향을 보여주는 데 역효과를 낼 수도 있다. 예를 들어 기업에 취업하려는 사람이 교사자격증을 가지고 있다면 언젠가 학교로 가버릴 가능성도 있다고 판단하기 때문이다.

봉사 활동과 헌혈 실적 등은 사회성과 책임감, 희생정신, 조직 지향성으로 판단한다.

●●● 자신의 장단점

요즘이 자기 PR시대이긴 하나 스스로 자신의 장점을 자랑하는 것은 낯 간지러운 일이다. 이러이러한 이유로 주위에서 이런 평판을 듣는다는 정도로 기술하는 것이 자연스럽고 좋다. 가능하면 구체적인 사례나 경험을 들어서 자신의 장점으로 부각시켜 나가는 것이 바람직하다. 장점을 뒤집으면 단점이 되는 서술 방식은 너무 흔한 방법이라 식상하다. '분석적이다 보니 예민하다' '적극적이다 보니 실수도 많다' '베풀다 보니 나는 가난하다' 등이 그런 경우다. 또한 이런 기회에 아침에 일찍 기상하고 일상적으로 매일 조깅을 하고 있다고 표현한다면 건강과 근성, 인내력을 드러낼 수 있는 자연스러운 화법이 된다.

 자신의 장단점이 잘 정리된 경우

● Retail의 원리를 몸으로 배운 해외 중고물품 거래

| 무엇을? |
한국 교민의 '우벤유(밴쿠버 유학생 카페)'와 현지인의 '크레이그리스트(crag list)' 두 사이트를 활용하여 (…) 수수료를 제품가의 30% 이상 올렸습니다.

| 어떻게? |
소비자 동향 조사를 통하여 가격과 상품수요가 높아지는 시점을 조사했습니다. 자금회전율이 높은 상품을 전면에 전시하여 (…)

| 장점이자 원동력은? |
새로운 것을 배우려는 적극적인 태도와 발로 뛰는 노력과 경험으로(…)

| 진행상의 보완점은? |
사전 체크를 잘못하여 사기를 당할 뻔했습니다. 꼼꼼하게 체크하고(…)

자신의 장단점을 설명한다고 보통명사들을 나열한다면 전형위원의 눈에 띄기 어렵다. 예제의 지원자는 의문문과 의문부호, 따옴표를 적절히 활용하고 Q&A이라는 특이한 방식으로 자연스럽게 자신이 경험한 사례를 설명함으로써 자신의 장단점을 설득력 있게 전달했다. 이런 경우는 '어떤 능력이 있습니다'라고 두괄식으로 스스로 단정하고 사례를 드는 것보다 재미있고, 흥미로운 사례를 제시함으로써 판단하는 위원들이 장단점을 직접 느끼게 한다. 결국 취업에 성공한 케이스다.

●●● 입사 지원 동기

서류전형 담당자는 이 항목의 내용을 눈여겨보는 편이다. 그래서 이 항목을 상대적으로 더 잘 기술해야 한다. 자신의 특성, 장점이 회사의 업무나 방향과 어떻게 정합하는지를 설명하라. 그 속에 긍정적이고 구체적이며 적극성이 느껴져야 한다. 회사 업무를 잘 알지 못하거나 앞뒤가 잘 연결되지 않거나 구체적인 내용 없이 원론적인 이야기를 기술하면 취업 목적이 단순히 월급 받고 안정된 직장 생활을 하기 위한 것만으로 오해받는다. 따라서 회사 업무나 방침을 어느 정도는 알아야 한다. 이는 홈페이지를 방문하거나, 실제 사무실이나 공장을 방문한 소감을 곁들이거나, 친척이나 가족 중에 그런 경험을 가지고 있거나, 일하고 있다는 것도 소개하면 아주 좋은 점수를 받는다.

●●● 입사 이후의 비전이나 계획, 꿈

가능하면 회사 업무에 대한 자신의 포부나 꿈이 담긴 내용이 좋다. 미래 발전에 동참하고 세계적인 기업으로 성장하는 데 초석이 되고 싶다는 톤으로 문맥을 이어가야 한다. 다만 그냥 맹목적인 의욕을 보이기보다는 회사 업무와 관련하여 상세하게 접근하는 것이 좋고, 논리적이며 합리적인 서술이 중요하다.

구체적으로 회사를 개선할 의견을 내거나 광고에 대한 창의적인 발상이 포함되면 취업 의사와 그 회사에 대한 열정이 많은 것으로 판단한다. 하지만 개선 의견을 넘어 아픈 곳을 찌르거나 비판이 포함된다면 부정적이다. 입사 후 회사에 부정적 사고를 가지고 업무에 임하면 긍정적인 자원이 될 수 없다는 판단 때문이다. 요는 건전한 창의력과 미래 지향적인 생각과 표현이 조직 발전의 동력이 된다는 것이므로 이 선에서 주장을 펼쳐나가는 것이 중요하다. 개인의 성취 동기(자기계발, 해외근무 등)는 밝히지 않는 것이 좋다.

꿈이나 계획은 원대하되 현실성과 논리성이 결여되지 않도록 기술하라.

●●● 존경하는 인물과 이유

존경하는 인물을 보면 그 사람의 성향과 가치관을 어느 정도 알 수 있다. 이념적으로 반 기업적인 분이나, 성공 성취 사례라 하더라도 외골수의 사례는 합격에 도움이 되지 않는다. 가능하면 사회나 기업 발전에 긍정적인 영향을 끼친 사람이나 성공한 분이 좋고 그렇지 않으면 부모님을 언급하는 게 가장 무난하다. 효성은 아직도 우리나라 사회에서 인정되는 바른 성품의 표상이며, 효성이 조직에 대한 충성심으로 이어질 수 있을 거라 생각한다.

필자의 경험상 지원자의 50% 전후는 부모님을 존경의 대상으로 기술했다. 그렇기 때문에 부모님을 존경한다는 표현을 쓰더라도 그 이유가 합당하고 조직 생활에 도움이 되는 논조로 기술해야 눈에 띄어 좋은 평가를 받을 수 있다. 존경하는 인물에 대하여는 면접 때 다시 그 이유나 구체적인 사유를 질문하는 경우가 많다. 미리 답변 준비를 해서 면접장에 가야 한다.

● ● ● 최근에 읽은 책자나 관람한 영화

독서가 취미라고 이야기한 사람이 최근에 읽은 책에 대해 더듬거리면 감점이다. 가능하면 기업의 발전과 혁신, 성공에 대한 책을 읽고 가라. 그러면 면접관들은 열정과 조직 지향성이 있는 것으로 믿는다. 이 항목도 개인의 가치관을 판단할 수 있는 부분이라 이념적으로 접근하지 않는 게 유리하다. 존경하는 인물, 독서, 영화 등 취미는 확실한 근거를 준비해라. 예전에 어느 면접장에서 지원자 중의 한 사람이 《로마제국흥망사》를 최근에 읽었다고 이야기했는데 '에드워드 기번'이라는 17세기 영국 역사가가 쓴 책이라 필자도 잘 아는 내용이었다. 그래서 흥미가 생겨서 필자가 구체적으로 질문을 던져보았다. "그 책에 로마는 왜 멸망했다고 되어 있나요? 작가는 누구이며 어느 나라, 어느 시대 사람인가요?"라고 질문했었는데 그 지원자는 순간적인 질문에 말문이 콱 막혀서 당황해했다. 그 지원자는 고전을 읽고 있다고 자신의 강점을 자랑하려던 모양이었는데 그 책을 잘 아는 필자에게 걸려서 오히려 혼쭐이 난 것이다. 그러면 아무래도 좋은 점수를 받기는 어렵다.

서류에 기록한 내용에 대해서는 완벽하게 준비해야 한다. 대충 준비했다가 재수 없으면 그 분야의 전문가에게 걸리는 수가 있다.

또 한 가지는 그 기업에 관련된 책자도 읽고 가면 확실하게 도움이 된다는 것이다. 기업을 주제로 한 책자나 드라마, 그 기업의 창업자가 쓴 자서전 같은 것이 많다. 직무 내용이나 기업의 역사, 지향 가치의 파악에도 도움이 될뿐더러 기업에 대한 애정과 입사하려는 의사가 확실한 것으로 판단한다. 예를 들면 삼성에 취업하기를 원하는 사람이 선대 이병철 회장의 경영 철학과 인생 행로를 기술한 《호암자전》을 읽고, 소개한다면 우호적인 감정을 얻을 수 있다. 그 책에는 호암의 생각과 행적 그리고 삼성의 창업부터의 역사가 기술되어 있기 때문이다. 다른 기업들도 유사한 책들이 더러 있으므로 지원자들은 이를 찾아서 읽고 입사지원서에 한 줄이라도 언급하면 가점이 된다.

2 입사지원서를 작성할 때 주의해야 할 점 11가지

1_ 진실되게 유리하게

입사지원서는 면접 시 기본 자료로 사용한다. 따라서 진실하게 기록했느냐 여부도 나중에 체크한다. 면접은 기업과 개인이 선을 보는 자리와 비슷하다. 진실하지 않으면 나중에 헤어지는 구실이 된다. 다만 불리한 사항을 미리 떠벌일 필요까지는 없다.

면접 시에 자신이 기록한 내용을 같은 톤, 같은 내용으로 답변하지 않으면 진실성을 의심받는다. 최소한 입사지원서에 기술한 내용은 머릿속에 훤히 들어가 있어야 하고 그중에 질문이 나오면 막힘없이 답변 가능해야 한다.

기업의 속성상 싫어하는 몇 가지 상황이 있다. 결손가정이나 성격상의 문제, 학교 생활이 정상적인 경우보다 길어진 경우 등에 대하여는 합당하고 명분 있는 답변이 필요하다. 질문을 받았으면 정직하고 유리하게 답변하되 스스로 자신의 흠결 요인이 될만한 것을 미리 자수하지는 마라.

2_ 도식적인 접근은 최소화해라

누구나 일반적으로 사용하는 기술 방식보다는 자신의 창의적인 아이디어가 들어간 기술이 더 눈길을 끈다. 예를 들면 '엄한 아버지와 자상한 어머니 슬하에서 사랑을 받고 자랐으며 몇 남 몇 녀 중의 몇 째로서 어릴 때부터 정직함과 진실함을 배웠다' 는 식의 도식적인 기술은 하루 종일 유사한 내용을 보아온 면접위원으로 하여금 끝까지 읽기 싫게 만든다. 면접위원도 감정을 가진 사람이다. 그들의 감성을 일깨울 수 있는 도전적, 창의적인 기술이 필요하다.

입사지원서는 한 장으로 쓰는 자신의 소개서이기 때문에 핵심 중심으로 알고 싶어 하는 것을 기록하는 게 절대 유리하다. 자신을 간단명료하게 표현할만한 유행어나 대명사, 속담, 격언, 사자성어, 화두를 생각해놓는 것도 좋다. 일반적인 서술보다는 이런 글귀를 던지는 게 서류전형위원들의 눈길을 끌어 끝까지 진지하게 읽어보게 만드는 요인이 된다.

만약 어촌 출신이 자기소개서의 시작 부분에 '너희가 게 맛을 알아?'로 소제목을 단다면 전형위원들이 흥미롭게 생각하고 창의력이나 참신성이 있다고 판단할 것이다. 흥미를 느끼게 하여 끝까지 읽게 만들면 일단은 성공이다.

3_ 결론부터 먼저 밝혀라(두괄식)

면접위원은 하루 종일, 길면 일주일 전후의 시간을 수많은 유사한 지원서를 보고 있다. 그래서 복잡하고 긴 문장을 좋아하지 않는다. 긴 문장을 다 읽기에는 시간이 별로 없다. 그래서 구구절절 시작부터 사연을 기술하는 것보다 간단명료하고 핵심이 분명한 게 좋다. 따라서 알리고자 하는 결론을 먼저 이야기하고 공간이 있다면 그 이유를 부연 설명하는 방식이 훨씬 좋다. 면접위원은 결론이 이해되면 뒤에 따라오는 설명은 읽지 않는다. 비슷한 지원서를 계속 보고 있기 때문에 빨리 파악하는 것이다. 물론 호기심이 가는 결론이나 창의적인 발상이라면 이어지는 부연 설명에 눈길을 주기도 한다. 일단 이렇게 시선을 끌어들이면 절반은 성공이다. 면접위원은 똑같은 입사지원서를 하루에도 수백 장씩 읽기 때문에 중언부언하거나 무슨 이야기를 하려는 것인지 끝까지 읽어봐야 알 수 있는 연역형의 글로는 상대적으로 눈길을 잘 돌리지 않는다.

4_ 눈에 띄거나 궁금증을 불러일으킬 소제목을 달아라

하루 종일 비슷한 자기소개서를 읽을 전형담당자를 생각해보면 재미있거나, 기발하거나, 궁금증을 불러일으키도록 기술한 것이 좋은 점수를 받는 게 당연하다. 가령 예를 들자면 이런 제목을 단 것들이다. 7080의 비밀, 장수하늘소, 마담 K의 하루, 아줌마를 정복하라! 등. 일단 제대로 읽게 만들어야 하는데 비슷한 어투나 내용이면 담당자는 읽는 것조차 주저한다.

수백 장, 수천 장의 지원서를 읽다 보면 눈에 잘 안 띄는 내용은 그냥 건너뛰기도 한다. 그래서 눈에 띄게 만드는 전략이 제일 중요하다.

뭔가 재미있거나 흥미롭거나 기발한 제목을 달면 서류전형 담당자들이 제대로 읽게 된다. 그러면 절반은 성공한 것이다. 나머지 내용은 정성스럽게 담으면 되고 그것이 선택될지 안 될지는 미지수라 하여도 자신의 모든 것을 제대로 보여주는 것만으로 준비는 잘했다고 할 수 있다.

5_ 자신을 왜 채용해야 하는지 논리적으로 밝혀라

입사지원서에 자신이 이 조직에 꼭 채용되어야 할 이유를 밝혀야 합격하기 수월하다. 그 점에서 회사 업무와 방향이 자신의 장점과 어떻게 부합하느냐를 기술하는 방식이 아주 유리하다. 그래서 상당한 연구와 노력이 필요하다. 지원하는 회사의 주요 업무나 사정에 정통해야 한다. 기업이 원하는 일반적인 성향(조직 지향 · 적극성 · 열정 · 근성 · 도전 의지 · 창의성 등)에 대한 확실한 근거를 제시하고 전형위원들이 확신하도록 기술하라. 입사지원서 작성은 물론 면접장에서도 자신감 있는 톤으로 전개해라. 다만 과격해 보이거나 독단으로 흐른다는 여지를 보이면 불합격할 가능성이 높아진다. 자신감을 가지고 임하되 오버하지는 말아야 한다. 과유불급이라는 격언이 여기서도 통용된다.

6_ 그 조직에 들어와 있는 인척이나 가족이 있으면 언급해라

그 조직에서 이미 일하고 있는 가족이나 인척이 있으면 병기하는 것이 유리하다. 즉 '20년간 일하고 있는 삼촌으로부터 좋은 기업이라는 이야기를 많이 들었다' '엄마가 다니고 계셔서 더욱 정이 가고 사실 본인은 이 회사가 지급해준 급여로 학비를 충당하고 성장했다. 그래서 그 보답을 하고 싶다' 등등이 그런 말이다. 이러한 정보는 면접관의 마음을 편하게 해준다. 적어도 이 지원자는 업무 내용은 알고 있겠구나, 아울러 이렇게 지원하려는 것을 보니 인척으로부터 좋은 인상을 받았구나, 하고 자신이 속한 조직에 대한 긍지를 높여주는 지원자에게 호감을 가진다.

우리 식구라는 느낌은 긍정적인 평가를 유도한다. 어느 지원자
는 엄마가 필자의 회사에서 설계사로 20여 년을 근무했다고 자랑스
럽게 이야기했다. 아직 설계사라는 직업에 대한 사회적 인식이 낮
은 상태였는데 엄마의 직업에 대해 자랑스럽게 생각하고 드러내기
를 주저하지 않는 모습을 보고 면접위원은 조직에 대한 자긍심을
은근히 같이 느끼게 되었으며 박한 평가를 주기 어려웠다.

7_ 능력과 적성이 지원 업무와 상관관계를 가지는지 밝혀라

자신이 가지고 있는 능력과 경험이 회사 업무 수행과 어떤 상관
관계를 갖고 있는지 논리적으로 밝혀라. 어학 능력, 해외 체류 경
험, 집안의 내력 등에서 직무와 관련한 요소를 발굴해 드러내야 한
다. 예를 들면 정비공장에서 아르바이트를 해보니 자동차 사고 보
상 업무에 대한 흥미가 생겼고 본인의 능력(전공)이 이 업무와 잘 맞
을 것으로 생각해 지원한다고 기술하면 된다. 그러기 위해 지원하
는 직무에 대한 세부적인 연구와 공부가 필요하다. 이는 지원 업종
에 종사하는 선배를 통하거나 친지나 식구의 도움을 받을 수도 있
다. 아니면 본인이 직접 방문하거나 관련 자료를 연구할 수도 있다.
아무튼 기업 입장에서는 그런 노력을 한 지원자가 직무와 조직에
애착과 열정을 가지고 있다고 판단한다.

8_ 기업에 대한 자신의 애정과 열정을 보여줘라

사업장을 직접 방문했거나 홈페이지를 방문하거나 친구나 선배로부터 그 기업에 대해 들었던 내용을 요약하고 긍정적인 느낌이나 개선 의견, 광고 아이디어 등을 표현하라. 다만 이유와 명분을 논리적으로 요약해서 기술해야 한다. 자기소개서는 문서로서의 첫 만남이다. 애정이 있다는 것을 최대한 보여줘야 호감을 줄 수 있다. 이는 면접장에서도 마찬가지인데 어떠한 질문이 나오더라도 이 사항과 연결하여 답변을 만들어가면 유리하다. 우선은 방문 소감이나 느낌, 그것과 자신과의 정합성을 논리적으로 표현하는 것이 중요하다.

9_ 강조하고 싶은 것은 눈에 띄게, 다르게 표시해라

핵심적으로 강조하고 싶은 단어들은 굵은 줄, 밑줄, 컬러펜으로 표시해라. 입사지원서에 도형이나 그림으로 표시해도 눈에 잘 띈다. 그런 것이 불가능한 인터넷 지원의 경우 굵은 글씨체나 [ ], { }, 〈 〉 등으로 강조하는 방법도 있다. 숫자를 다는 것도 눈에 잘 들어오는 방식이다. 하루 종일 면접으로 눈이 피로한 면접위원은 이것 중심으로 읽게 된다. 이것이 소위 고객지향적인 사고에서 나오는 기술 방식이다. 면접이나 전형은 나를 표현하는 것이지만 그 표현을 오감으로 소화해야 하는 면접관의 편의를 염두에 둔 노력이 효과를 발휘한다.

10_ 글씨를 성의 있게, 그러나 너무 깨알같이 쓰지는 마라

직접 자필로 쓰는 경우는 이제 거의 사라졌지만 워드프로세서로 출력하는 경우에도 너무 작은 글씨체는 금물이다. 면접위원의 계층인 40~50대는 노안이 온 사람이 적지 않아서 작은 글씨는 잘 안 보인다. 최소한 11~12폰트 정도의 크기로는 써야 보인다.

과거 필자가 면접관으로 전형에 참석했을 때 특히 여성 지원자의 글씨가 너무 작아 읽기가 어려운 경우를 당해보았다. 이러면 건성으로 읽을 수밖에 없다.

글씨에 성품도 일부 드러나므로 맞춤법에 맞고 성의 있게 쓰는 요령이 필요하다.

11_ 주어진 칸은 다 채워라

칸을 다 채워 빡빡하게 쓴 지원서도 읽기 어렵지만 대강 요점만 간단히 표기하고 빈칸으로 남겨놓은 지원서는 무성의해 보인다. 이런 지원서는 입사 의지를 약하게 보이게 한다. 가능하면 칸은 다 채

우되 자기만의 아이디어로 자신을 표현할 방법을 연구해라. 고민한
만큼 좋은 작품이 나온다. 또한 자신의 표현에 너무 몰입한 나머지
쉬는 공간 없이 연이어 쓴 방식도 바람직하지 않다. 최소한 5~6줄
에 한 칸 정도는 비워두는 요령을 익혀야 한다.

필자가 취업컨설팅을 해서 여러 군데 유명 기업에 합격한 지원
자들의 사례를 소개해 본다.

사례_ 김건희 학생의 지원서

1. 지원동기 - 500자

● GS 홈쇼핑 "특집 인터뷰" 지금 공개!

Q. "김건희"는 GS가 정말 원하는 MD일까요?

A. 1) GS 홈쇼핑 애정 - 회사 분위기를 알고자 방문했고, 왕래하
는 GS의 직원들을 보며 고객과 매출 1위를 달성하면서 직원만족
1위까지 동시에 이룬, 밝고 자부심 있는 표정은 지금도 잊을 수 없
습니다. 또한, 1층 로비에서 도넛을 먹고, 홈쇼핑 방송을 보며 앞
으로 제가 GS MD가 된 모습을 생각하며 설레었습니다.

2) MD 직무 경험 - 보끄레머천다이징 MD 인턴을 하면서 상품의
발주부터 출고까지의 MD 업무 프로세스를 경험해봤습니다. 이제
는 MD에 대한 열정과 노력을 GS 홈쇼핑 MD로서 발휘해보겠습

니다.

3) 고객중심 – "그것이 정말 고객이 원하는 것일까요?" 고객 중심
적인 기업 GS 홈쇼핑 문화에 맞게 저 역시 고객의 마음을 움직이
는 다양한 활동을 경험했고, 이제는 고객의 입장에서 Great
Service로 Great Success 하는 MD가 되겠습니다.

2. 장·단 점 – 500자

● Retail의 원리를 몸으로 배운 '해외 중고물품 상거래'

| 무엇을? |
한국 교민의 '우벤유'와 현지인의 'Crag List' 두 사이트를 활용해
각 사이트의 고객들의 원하는 중고 물건의 수요와 공급, 즉 매매
트렌드를 파악한 후, 상품의 상대적 가격 차이를 파악해 상품을 매
매해서 수수료를 얻었습니다.

| 어떻게? |
소비자 동향과 계절 시기마다 다른 가격과 요구 시점을 분석해 파
악했습니다. 또한, 지속적인 구매활동을 위해 PS3 등 현금회전율
이 높은 품목은 계속해서 거래하고, TV같이 이동 비용이 드는 품
목은 제외하며, 매출 관리해서 매달 평균 400달러를 얻었습니다.

| 진행과정에서 보완점은? |
사전 분명한 체크를 못해 사칭 사기를 1번 당할 뻔했지만,
'paypal' 이란 안전한 사이트 이용과 꼼꼼한 체크로 더 이상 문제
는 없었습니다.

| 장점이자 원동력은? |

새로운 것을 배우기 위해 적극적인 태도로 발로 직접 뛰고 경험하며, 어려운 상황도 끈기와 노력으로 헤쳐 나갔습니다.

3. 경력사항 및 사회경험 - 1000자

● 마감임박!! GS의 MD 능력/성격/훈훈함 세 마리 토끼를 다잡는 치명적인 남자 "김 건 희"

MD를 찾고 있나요? 품절 마감임박 1분 전인 "MD 김 건 희"를 소개합니다. 이 조건 마지막! 놓치면 후회! 수량 미리 확보 필수! 지금 당장 구매하세요!

먼저, MD로서의 자질입니다. 보끄레 편집숍 코인코즈 MD 인턴 당시, 낮은 매출에 대해 고민을 했습니다. 그리고 고객의 입장에서 왜 그렇게 행동하고 구매하는지에 대해 역으로 생각했습니다. 고객 구매 성향, 요구, 동향 그리고 경쟁자 선택 이유에 대해 스스로 분석하고 3가지 보고서를 제안했습니다.

1) 상권별 매장마다 할인율 대비 판매율 높은 제품, 실제로 수익성 주는 상품을 발굴하고 분석.
2) 각 매장매니저를 직접 만나 MD팀에서 캐치하기 어려운 고객 관점의 풀 코디 상품 구색, 제품 핏과 디자인의 불만 사항 등을 디테일하게 분석.
3) 신사동, 명동의 ALAND 등의 경쟁 편집숍의 제품 구색과 매장 구성을 분석.

| 그 제안이 반영되었나요? |
파리 "Whos's next fair" 출장 때 상품 바잉하는 데 참고되었고,

명동 본점보다 일산상권에 더 많은 고급제품 수량을 배분한 동시에, 상품 구색에 차별성과 대중성을 동시에 고려해 균형을 잡고 있습니다.

| 그럼 성과는? |
2012SS 2월 봄 상품 첫 출고에 기존 판매율 34%에서 8%를 향상시키는 결과에 기여했습니다.

구매 후기 – 코인코즈 팀
강 과장: "업무 외에도 경비 아저씨까지 친해지는 '대인관계능력' MD에 맞는 성격이죠?"
김 사원: "사수인 절 참 귀찮게 했어요! 트렌드 파악, 상품기획 프로세스, 발주하는 방법 등을 알 때까지 끊임없이 물어보더군요!"

MD 뽑는 고민은 줄이시고, 훈훈한 이미지로 GS 홈쇼핑 MD팀을 환하게 만들 치명적인 남자! 지금 선택하세요! 배송비는 특혜로 면접장으로 무료 배송해 드리겠습니다.

4. 입사 후 포부 – 500자

● 이 3가지는 꼭 하겠습니다!

1) 태국 홈쇼핑 "투루 GS 개국" 사업 시작을 기화로 러시아 TV 홈쇼핑까지 진출하는 데 기여하겠습니다. 저 역시 러시아에 현지화 전략을 위해 해외탐방을 가서 KOTRA와 현지 기업을 방문하며 현지화 전략에 대해 공부했고, 이제는 GS가 해외, 특히 러시아에 진출하는 데 기여하겠습니다.
2) GS 홈쇼핑은 신 유통의 선두주자로, 이제는 크로스 채널을 통

해 마케팅을 확장하는 데 많은 협력사와의 관계도 중요합니다. 그 관계에서 있어 GS 홈쇼핑의 최고의 "존중과 배려"의 아이콘으로 모두가 상생하는 윈윈 전략으로 나가겠습니다.

3) 고객이 정말 원하는 것을 알기 위해서는 산업, 트렌드, 고객의 모든 것을 사전에 파악하고 반영해 고객에게 사랑을 받는 동시에 최고 매출을 올리는 MD가 되겠습니다. 먼저 기본부터 다져서 "그 것이 고객이 정말 원하는 것일까요?"라고 물었을 때 바로 "네"라고 할 수 있는 고객과 소통하는 홈쇼핑 전문 MD가 되겠습니다.

5. 기타 자기소개 − 500자

● "넌 참 진취적인 아이구나" from 보끄레 MD팀 강 과장

스스로 처음으로 일할 때 외치는 말은 "네! 제가 하겠습니다." "일단 부딪히면 길이 있다." "시작한 일 끝장을 보자."입니다. 이런 적극적인 자세 때문에 다양한 경험을 겪고, 어려움도 극복하며, 스스로 채찍질하며 계속 발전해왔다고 당당하게 말씀드립니다.

| 그럼, 최근 MD인턴 때 무엇을 얻었을까요? |
1) 적극적인 자세로 하나라도 더 배우려는 마음가짐이 인턴 기수 장으로 시작되어, 인턴 내 경쟁 프로젝트에서 1등 하는 결과.
2) 과장님께 자발적으로 상품 판매율 분석 자료를 만들고 제안하여 기존 판매율 34%에서 42%까지 향상시키는 결과에 기여.
3) 모든 사람에게 밝고, 바른 인사성으로 다가갔고 나중에는 "인사맨"이란 별명까지 얻어 조직생활의 기본도 배움.

이제는 GS에서 "너희 이번 신입사원 어때?"라고 물었을 때 "완전 괜찮아"란 말이 망설임 없이 나오도록 하겠습니다.

1. 지원동기 및 CJ가 본인을 채용해야 하는 이유를 본인의 경험을 바탕으로 기술하여 주십시오. (1200자 이내)

● 제품과 기업에 대한 애사심이 곧 경쟁력

우리나라 외식 프랜차이즈 분야의 선봉장에 서 있는 CJ푸드빌은 우리가 자주 찾는 외식 전문점과 가맹점을 많이 보유하고 있지만 매장의 숫자만으로 볼 때 1위인 브랜드는 없습니다. 그러니 매장 수가 그 기업을 평가하는 최상의 척도는 아니라고 생각합니다. 사람들의 기억에 얼마나 좋은 이미지로 자리 잡고 있는지가 중요합니다. 그런 의미에서 CJ푸드빌의 이전 브랜드 중 하나인 '카페소반'은 저에게 특별한 기억입니다.

한식 글로벌 브랜드 '비비고'의 전신인 '카페소반'이라는 음식점을 즐겨 찾았던 기억이 있습니다. 매운 음식을 잘 먹지 못하던 저에게 '카페소반'의 퓨전 비빔밥은 한국인임에도 신선했습니다. '카페소반'은 저에게 CJ푸드빌에 대한 좋은 인상을 심어주었습니다.

2010년 당시 2개의 지점뿐이었던 '카페소반'은 결국 '비비고'로 전환되었습니다. '카페소반'이 '비비고'를 위한 초석이었던 것은 분명하지만 브랜드 자체가 사라진다는 것이 소비자의 입장에서는 아쉬웠기 때문에 후에 CJ에 입사하여 '카페소반'이라는 브랜드를 다시 부활시키고 싶다는 생각을 하였습니다.

'비비고'는 현재 패스트푸드점과 같은 주문 시스템을 사용하고 있습니다. 한식을 세계화하기 위한 방안으로는 더할 나위 없이 좋은 시스템이지만 처음 '비비고'를 접하는 고객에게는 어려울 수 있다고 생각합니다. 따라서 '카페소반'의 메뉴처럼 정해진 메뉴도 함께 운영하되 패스트푸드점과 같이 셀프 서비스 방식을 이용하면 시너지 효과가 창출될 수 있을 것이라고 생각됩니다.

즉, CJ푸드빌에서 저의 목표는 '비비고'의 단점에 '카페소반'의 장점을 추가시켜 한식이 더욱 사람들에게 사랑받고 해외에서도 이름을 떨칠 수 있도록 하는 것입니다.

● 전체와 부분을 볼 수 있는 글로벌 인재

한식의 세계화는 CJ그룹의 숙원 사업이라는 기사를 본 적이 있습니다. 또한 국내 외식업계가 전반적으로 침체기인 이 시점에서 글로벌로 뻗어나가는 것은 당연한 이치이기도 합니다.

CJ가 세계적인 그룹이 되기 위해서는 글로벌 마인드와 지식을 가지고 있는 글로벌 인재가 필요하다고 생각합니다. 저는 국제통상학과의 학생으로서 배운 전공지식이 CJ그룹에 반드시 도움이 될 것이라고 생각합니다.

또한 우리나라뿐 아니라 국제적인 경영, 경제, 마케팅에 대한 기본적이고 전반적인 지식을 두루 학습할 수 있었고 많은 경영 및 마케팅 사례 학습을 통해 간접적인 경험을 해볼 수 있었습니다. 이를 통해 세계 속 기업의 환경과 그 기업이 속한 환경 등을 분석하는 시각이 넓어졌다고 자신합니다.

적극적인 학교 내 학습을 통해 저는 전체를 볼 수 있는 시야를 가질 수 있던 것뿐만 아니라 학과 수석 장학금을 수령하는 등 학생의 본분을 잊지 않는 인재였음을 인정받을 수 있었습니다.

학교 생활을 통해 전체를 보는 시각을 가질 수 있었다면 재능교육에서의 인턴 경험으로는 제가 부분적인 것도 보는 꼼꼼함을 갖춘 인재임을 인정받았습니다. 최종적으로 시판되기 전의 학습지를 부서 안의 모든 직원들이 최종 검수를 하는 과정에서 저는 어떤 직원도 발견하지 못한 오류를 발견하였습니다. 파트장님께서 아무도 발견하지 못하였다고 놀라셨고 다행히 시판되기 전에 스티커 작업을 할 수 있었습니다. 이를 통해 회원들의 불만이 야기되지 않았습니다. 이는 저의 꼼꼼함을 보여줄 수 있는 사례가 되었습니다. CJ그룹이 세계적으로 나아가는 데 있어 저의 글로벌적인 마인드와 전체를 아우를 수 있는 시야, 부분을 놓치지 않는 꼼꼼함은 관리/기획 부서에서 빛을 볼 수 있을 것이라고 자신합니다.

2. 대학생활의 교내외 활동 중 가장 성취감이 컸던 경험과 본인의 노력에 대해 기술하여 주십시오. (1200자 이내)

● 제주도민만의 특별한 학생회

서울에 있는 대학교로 진학하게 되면서 제주도에서 운영하는 '탐라영재관' 이라는 제주 도민 전용의 기숙사에 거주하고 있습니다. 학교의 학생회가 있듯이 이곳에도 학생회와 같은 역할을 하는 '자율회' 가 있습니다. 저는 2학년 재학 당시 자율회 활동을 하였습니다. '탐라영재관' 에는 체육대회와 외부인들을 기숙사에 초대하는 '오픈하우스' 라는 행사가 1년에 각각 한 번씩 있습니다. 두 가지 행사에 대한 구체적인 내용을 기획하고 필요한 물품을 대여하고 스폰서를 구하며 기숙사 사람들의 참여를 위한 마케팅 활동도 펼칩니다. 체육대회와 '오픈하우스' 의 취지가 '탐라영재관' 에 거주하는 모든 학생들이 어울릴 수 있는 기회를 부여하는 것인만큼 얼마나 많은 학생이 참여하는지가 관건입니다. 제주도민이라는 큰 공통점을 가지고 있지만 각기 대학도 다르고 서먹한 관계인 경우도 많으며 각자의 스케줄도 다릅니다. 그렇기 때문에 300명 가까이 되는 학생들을 일정한 시간에 참여하게 만드는 것은 어렵습니다. 저는 이러한 학생들이 행사에 관심을 가질 수 있는 참신한 기획을 주도적으로 만들어야 했습니다.

1학기의 행사는 체육대회였습니다. 처음 가지는 큰 행사였고 저뿐만 아니라 모든 부서가 열심히 행사를 준비하였습니다. 그러나 그동안의 행사와 별반 다를 것이 없었기 때문에 사람들의 관심을 끌기에는 역부족이었습니다. 결국 기숙사에 거주하는 약 300명의 학생 중 40명 정도가 모여 체육대회를 했습니다. 자율회 부원이 20명 정도였기 때문에 자율회만의 행사로 끝이 났습니다.

이러한 실패 때문이었는지 2학기 행사인 '오픈하우스'는 더욱 열심히 준비할 수 있었던 계기가 되었습니다.

'오픈하우스'는 외부 사람들에게 기숙사를 개방하여 노래경연, 경품 추첨과 같은 행사를 하는 것입니다. 노래경연이나 경품 추첨과 같은 이벤트는 이전과 같이 운영하지만 많은 학생이 참여할 수 있는 특별한 구성이 필요했습니다. 저는 이 과정에서 '미팅'이라는 개념을 사용하자는 제안을 했습니다.

대학생이라면 누구나 한 번쯤 해보고 싶은 것이 미팅입니다. 미팅이라면 학생들이 '이건 뭘까?'라는 호기심에 잠깐이라도 참여할 것이라고 생각했습니다. 자율회 부원들 대부분이 그 의견에 찬성했고 큰 주제를 '미팅'이라고 정해 행사를 기획하였습니다. 또한 저는 이러한 주제를 홍보하기 위해 팜플렛을 직접 만들어 방마다 직접 나누어주고 지하 식당과 엘리베이터에 붙일 포스터를 손수 만드는 역할을 맡았습니다. 미팅이라는 소재가 신선했는지 그 당시 150명 정도 참여하는 행사가 되었습니다.

'탐라영재관'의 모든 행사는 시작부터 마무리까지 자율회의 손에서 이루어집니다. 이러한 일련의 과정들은 기업의 활동에 비하면 초라하다고 할 수 있지만 기업의 경영 활동과 비슷합니다. 이를 통해 작은 기업을 간접적으로 체험할 수 있었다고 생각합니다.

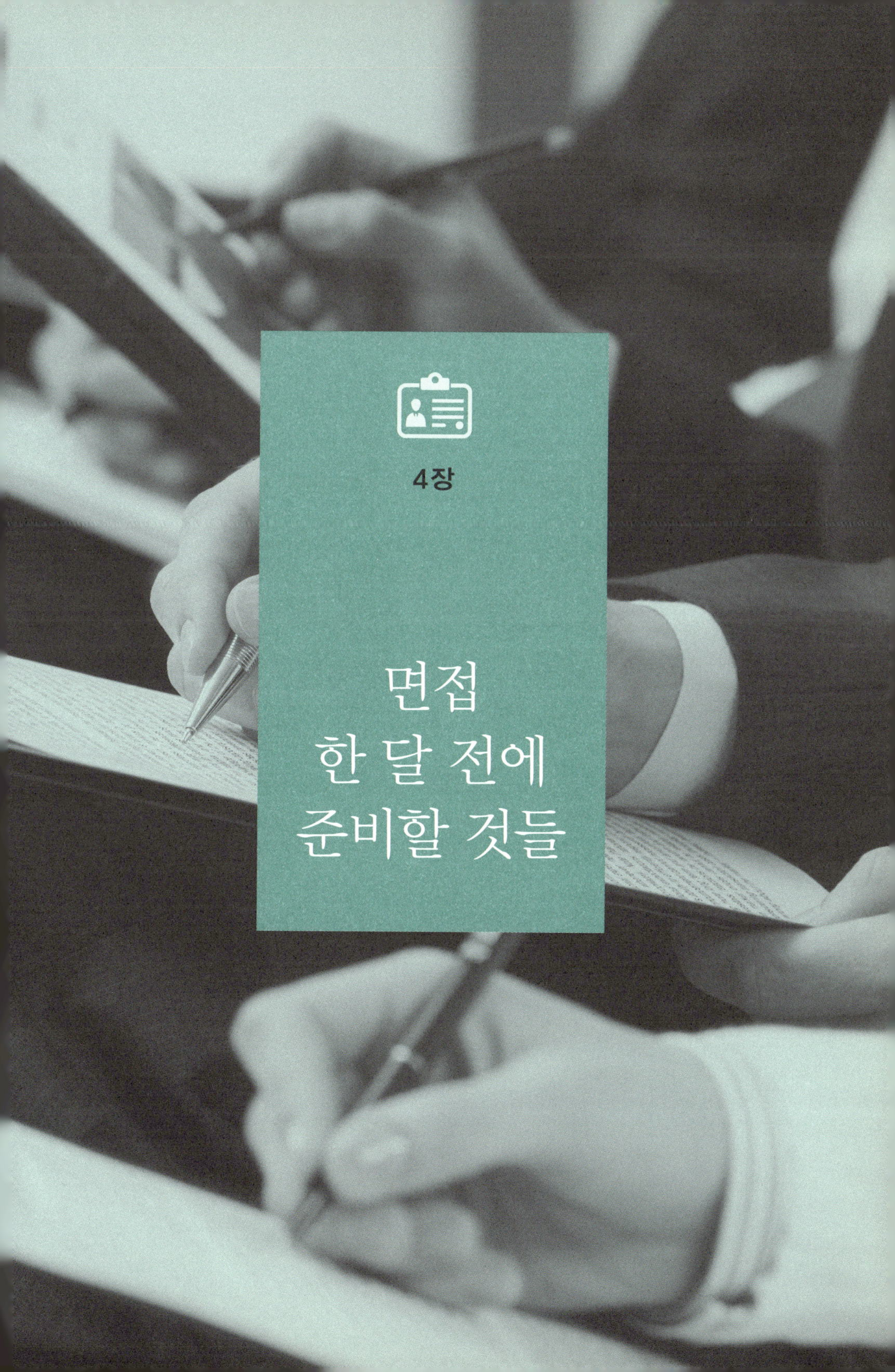

4장

면접
한 달 전에
준비할 것들

건 강 한 정 신 과 몸을 유지하라

기업 경영과 상관이 있는 시사 문제에 집중해라

자기소개서를 쓸 시기에는 시사 상식이 별로 필요하지 않지만 면접을 볼 때는 시사 문제를 물어보는 경우가 흔하다. 최근에 많이 회자되는 시사 문제에 대해 건전하고 편향적이지 않은 시각을 소유하고 있는지를 주로 체크한다. 이는 개인의 신상 문제뿐 아니라 세상사에도 관심을 가지고 있는지를 알아보기 위함이다. 그런 질문을 통해 세상과 어떻게 호흡하고, 어떤 시각을 가지고 있으며, 자신의 생각을 어떻게 효과적으로 표현하는지를 본다. 또한 그 내용이나 방향이 조직과 적합한지를 검증해본다. 따라서 경제지와 주요 일간지를 탐독하고 건전한 시각을 보유하도록 해야 자신감을 갖고 면접에 응할 수 있다.

아주 민감하거나 정치적인 판단을 요하는 문제는 제외되지만 최근 이슈가 되고 있는 정치적인 사인을 질문할 수 있다. 예를 들어 '4대강 개발의 장단점을 설명해보시오' 라든지, '국민의 한 사람으로서 새로운 정부에 기대하는 바가 무엇인지를 설명해보세요' 라든지, '새정부의 재벌(기업집단)에 대한 정책과 장단점을 설명해보시오' 등등의 질문은 건전한 판단력을 테스트해보기 위해 채택될 수 있는 질문들이다.

시사 문제이면서 기업 경영과 상관이 있는 주제가 질문으로 채택될 가능성이 높다. 이런 질문을 통해 지원자의 기업에 대한 시각, 가치관, 성향, 준비성, 발표력, 요약력을 파악하는 것이다. 아울러 기업이 고민하고 있는 문제에 대한 참신한 아이디어를 얻기도 한다.

건강한 모습과 밝은 인상을 만들어라

남자들은 젊은 시절 술을 접할 기회가 많다. 기분 좋은 일이 생겨도 한잔, 짜증나는 일이 생겨도 한잔, 친구 만나도 한잔, 애인 만나도 한잔…… 이러다 보면 밝고 맑은 얼굴을 만들 수 없다.

최소한 한 달가량은 미모(?) 만들기에 정신을 쏟아야 한다. 그래야만 정신도 맑고 얼굴색도 밝은 상태에서 면접관을 만날 수 있고 좋은 이미지를 얻는다.

필자가 취업을 준비하던 즈음, 다음 날이 면접인데도 거절할 수 없는 지인을 만나 저녁 늦게까지 방자하게 술을 마시고 면접장에 갔다. 당연히 얼굴색이 좋지 않았고 머릿속도 맑지 않았다. 면접관이 이를 알아보고 '어제 술 드셨냐'고 물었다. 그렇다고 대답했더니 몇 마디 물어보지도 않고 바로 불합격 판정을 내렸다. 면접관도 사람이라 준비 자세가 안 된 사람을 보면 개개인의 능력과 인성을 보기도 전에 불합격점을 준다.

예를 들어 피치 못할 사고를 당해 팔을 다쳤다고 치자. 어쩔 수 없었더라도 팔에 깁스를 하고 면접에 참가한다면 모양이 우스울뿐더러 면접관에게 좋은 인상을 심기가 어렵다. 면접관도 같은 값이면 건강하고 보기 좋은 자원을 고르려고 하기 때문이다. 그래서 한 달 전후는 행동을 조신하게 하여 몸과 마음을 단정하고 건강하게 만들어 놓을 필요가 있다. 우리가 선을 보러 갈 때 예쁘게 치장하고 빼어 입고 나가는 것처럼 미리 준비하는 사람이 승리할 가능성이 높다. 선보러 가면서 발을 절뚝거리거나 깁스를 하고 간다면 상대방에게 좋은 인상을 남기기 어렵지 않을까?

누구나 처음 보고 인간의 내면 가치를 알 수 없다. 따라서 외양으로 판단되는 모습도 무시하기가 어렵다. 격언 중에 '내용 없는 형식은 허구이고 형식 없는 내용은 맹목이다'라는 말이 있다. 그만큼 포장도 내용 못지않게 중요하다는 이야기일 것이다.

2 취업을 원하는 회사에 세밀한 관심을 가져라

관심 있는 자에게 정이 가기 마련이다

앞에서 말했듯이 면접이란 서로가 선을 보는 자리다. 기업 입장에서는 자신에게 관심과 열정을 더 가지는 사람을 뽑고 싶은 것이 인지상정이다. 그래서 지원자는 가능하면 다양한 방법을 통해 원하는 기업의 정보나 경영의 지향점, 미래 가치를 파악하는 노력이 절대적으로 필요하다.

필자는 100개의 기업에 지원서를 내는 것보다 10개의 기업을 집중 연구하는 것이 더 효과적이라고 생각한다. 100개의 기업을 대강 아는 것보다 10개를 제대로 파악하고 가는 것이 합격가능성을 높이는 첩경이기 때문이다.

●●● 회사 정보를 얻는 방법

회사의 정보를 얻는 방법은 다음과 같다.

그 회사와 업종에 관련된 신문의 경제면을 세밀히 본다.

인터넷을 검색하여 그 회사의 사정을 파악한다.

그 회사의 역사를 알아본다.

그 회사와 관련된 긍정적인 기사거리나 뉴스를 찾아본다.

그 회사의 창업주나 업종에 관련된 책자를 찾아본다.

그 회사를 지원하는 지원자들과 토론해본다(서로에게 도움이 된다).

그 회사에 근무하는 선배나 친구, 친척에게 물어본다.

그 회사가 지향하는 가치와 자랑거리를 찾아본다.

그 회사를 방문해본다(백문이 불여일견).

회사의 홈페이지에 들어가서 다양한 정보를 취득하라

요즘 취업을 원하는 사람 중에 해당 회사의 홈페이지에 들어가 보지 않을 사람은 아마도 없을 것이다. 그러나 단지 그 회사의 인재상과 경영 개요를 파악하는 데 그쳐서는 안 된다. 왜냐하면 그 정도는 누구나가 보고 오기 때문이다. 합격을 원한다면 두어 단계 더 심층적으로 검색해봐야 한다. 검색포탈에 그 기업을 입력하면 제일

웹사이트를 방문해서 해당 회사의 장점을 곰꼼히 살펴보라.

먼저 그 기업의 홈페이지가 나오고 그 아래를 보면 그 회사가 언급된 각종 신문 기사나 방송 내용이 나열된다. 그 사이트들을 들어가 보면 그 회사의 근황을 알 수 있다.

특히 그 회사가 상을 받았거나 우수한 상품을 만들었거나 해외에서 큰 수주를 올렸거나 하는 뉴스가 있으면 자세히 살펴보라. 그 회사의 장점과 자랑거리를 알고 면접에 가는 것은 아주 중요하다. 면접관도 사람이기 때문에 장점을 알아주고 프라이드를 같이 느껴주는 사람에게 더 호감이 가기 마련이다.

예전에 필자가 면접위원으로 참여한 자리였는데 어떤 지원자는 필자의 회사 홈페이지를 달달 외워 왔다. 4~5페이지가 넘는 분량이었는데 이를 통째로 다 외워버린 것이었다. 면접위원은 더 물어보지도 않고 전원일치로 합격 판정을 내렸다. 이만큼 우리 회사에 애정을 가진 사람에게는 더 이상 물어볼 필요가 없다고 느꼈기 때문이다. 비이성적인 판단이라 볼 수도 있지만 면접위원도 인간이라 어쩔 수 없다는 사례다.

관련 회사에 대한 정보, 특히 긍정적이고 전향적인 정보는 많이 파악할수록 유리하다. 요즘은 인터넷에 웬만한 정보들이 다 올라오기 때문에 조금만 정성을 들인다면 거의 전문가 수준으로 파악할 수 있다. 혹시 그 회사에 대중을 상대로 하는 상품이 있는 경우라면 회원으로 가입하여 글을 남겨도 좋다. 그런 노력만으로도 면접위원으로부터 호감을 얻을 수 있고 같은 값이면 그런 노력을 들인 자원을 선호한다.

또한 필히 알고 가야 하는 것이 있다. 그 회사의 최근 광고 카피다. 대중에 노출되어 있는 광고 카피는 지원자가 얼마나 회사에 관심을 가지고 있는지 측정해볼 수 있는 가장 쉬운 방법이기 때문이다. 가능하면 그 광고 카피가 의도하는 바와 출연한 연예인도 알고 가는 것이 큰 도움이 된다. 나아가 그 연예인을 왜 광고에 출연시켰을까도 생각해보고, 이를 언급한다면 더 확실한 애정 표현이 된다. 다만 면접 준비 과정에서 이 회사 저 회사 것을 같이 외다 보면 착오가 일어날 수도 있다. 면접장에서 다른 회사의 광고카피를 이야기하는 실수를 한다면 합격은 거의 불가능하다.

회사가 자랑스러워하는 점을 파악하라

기업이 활동하는 업종에는 여러 회사들이 경쟁하고 있다. 심지어 20여 개의 경쟁사가 있는 경우도 흔하다. 제약회사나 증권회사 등이 그런 경우다. 지원한 회사가 그중에 가장 크고 경영의 내용도 가장 좋은 회사라면 그 회사의 좋은 뉴스들을 언급하는 것은 사실 호감을 주는 데 별로 도움이 되지 않는다. 면접위원이 당연한 것으로 생각하기 때문이다. 비유하자면 예쁘고 늘씬한 미인에게 '예쁘다'는 표현은 큰 감동이 아닌 것과 같은 이치다.

하지만 규모는 크지 않더라도 자신만의 경쟁력을 갖추고 있는 하위사들이 있다. 예를 들면 매출 규모는 하위에 속하지만 소비자 만족도는 1등이라든지, 외형은 1등이 아니지만 인당생산성 등의 경영효율은 수위라든지 하는 사항을 파악하여 면접을 볼 때 이 사항을 언급해주면 면접관들의 사기가 올라간다. 그런 고양된 사기는 지원자의 면접 점수로 연결되기 마련이다. 그만큼 우리 회사에 애정을 갖고 있다는 반증이 되기 때문이다.

그 회사와 관련된 서적을 읽어라

크고 작은 회사들이 많다. 그중 역사가 오래되거나 창업자가 필력이 있어서 저서를 남긴 경우가 적지 않다. 삼성의 경우 창업자인

이병철 회장이 직접 집필한 《호암자전》을 비롯해 필자가 쓴 《삼성출신 CEO는 왜 강한가》에 이르기까지 수십 권의 관련 책자들이 출판되어 있다. 천호식품의 김영식 회장이 쓴 《10미터만 더 뛰어봐》라는 책도 있고 두산이나 SK에도 기업 역사나 기업의 지향 가치를 해설한 책자가 많다.

그 외 기업이 상을 받았을 때의 연구 문서나 CEO가 대학원을 수료하면서 쓴 논문 또는 CEO 경영철학 모음집 같은 것들도 많이 있다. 지원자의 노력 여하에 따라 이런 자료들을 구할 수 있는 것이다.

그 기업의 역사나 지향 가치를 조망할 수 있는 관련 책자를 일독하고 가면 질문에 답변하기가 훨씬 더 수월하고 면접위원과 공유가치에 대해 공감하기 쉽다. 답변 중에 책을 보았다는 사실을 언급하면 더 큰 호감을 얻는다.

그 회사를 실제로 방문해보라

사실 이 장에서 가장 강조하고 싶은 면접 전 준비사항은 바로 이번 항이다. 사진이나 문자로 된 정보만을 접하고 와서는 면접장에서 제대로 답변하기가 쉽지 않다. 하지만 실제로 그 회사가 운영하는 사업장을 직접 찾아가 보고 면접에 임하면 훨씬 쉽다.

 직무 내용을 파악하고 자신감을 얻는다

실제 방문을 해보면 직무 내용을 제대로 파악할 수 있다. 어떤 일을 왜 하는지, 고객은 누구인지, 판매나 업무는 어떻게 이루어지는지를 직접 눈으로 본다면 굉장히 유리한 상태에서 면접관을 만날 수 있다. 우리의 오감은 의외로 파워풀하다. 한 번 살펴보더라도 그 사업장의 분위기를 알 수 있다. 어느 사업장에 가더라도 사무실 배치나 표어(경영 이념이나 방침)를 알 수 있고 직원들이 일하는 분위기를 파악할 수 있으며 일하고자 하는 업무의 특성을 파악할 수 있다.

얼마 전 취업 희망자가 필자를 찾아왔다. 여성이었는데도 꼭 보험판매직을 해보고 싶다는 것이었다. 대개는 영업직을 채용하는 면접장에 여성이 나타나면 면접관들은 색안경을 끼고 보기 마련이다.

입사하기를 원하는 회사를 찾아가보면 생각보다 많은 것을 얻을 수 있다.

젊은 여성이 30~40여 명의 나이 든 여성들로 구성된, 적지 않은 보험판매조직(지점)을 관리하고 조직을 효율적으로 지휘하여 좋은 성과를 올리기 어렵다고 생각하기 때문이다. 그러나 그 지원자는 필자의 조언에 따라 회사의 말단 조직(지점)에 찾아가서 하루 종일 판매관리자가 하는 일을 지켜보고 그 지점장과 면담 후에 면접에 참여했다. 이 사실 하나만으로도 면접관은 높은 점수를 주었으며, 지원자가 답변도 훨씬 더 자신 있게 할 수 있었기에 합격의 영광을 얻었다. 그 지원자는 입사하여 지금 아주 씩씩하게 그 일을 잘하고 있음은 물론이다.

●●● 기업은 찾아오는 지원자를 물리치지 않는다

이러한 조언을 해도 보통의 경우 지원자는 주저한다. 일면식도 없는 회사를 찾아가면 문을 열어줄까? 모르는 곳에서 하루를 어떻게 지내나? 하는 걱정부터 앞선다. 그러나 기업의 사업장은 의외로 개방되어 있는 경우가 많다. 판매를 주로 하는 영업 말단 조직은 찾아오는 사람이 누구라도 환영한다. 사람을 설계사로 많이 취업시켜야 유리한 보험판매 조직이나 방판 조직, 화장품업계 등은 판매 인력난이라 누구든지 찾아오기를 학수고대하는 편이다. 잡상인만 아니라면 누구에게나 문이 열려 있는 것이다. 그러기 때문에 용기를 내 찾아가면 대부분은 반겨주고, 솔직히 찾아온 사유를 설명하면 호감을 보이며 맞아준다. 다만 보안을 생명으로 하는 IT업계나 대기업 본사는 여전히 출입이 용이치 않다. 그러나 그런 조직이라 하더라도 다 판매를 위한 말단 조직이 있기 마련이기 때문에 이런 사업장을 찾아가면 된다. 우리 국민을 고객으로 하지 않는 기업은 별로 없고 찾아가는 지원자도 고객의 한 사람이기 때문에 냉대하지 못한다. 지원자가 지레 겁을 먹고 찾아가지 않을 뿐이다.

필자가 면접위원으로 근무할 당시 아주 기억에 남는 지원자를 만난 적이 있었다. 수원의 모 대학을 졸업한 청년이었는데, 지원 동기를 묻자 이렇게 답변했다. 자신은 관련 학과를 졸업했고 관련 경험을 가지고 있으며 우리 회사에 근무하고 싶어서 회사의 수원 사옥을 찾아가 그 주춧돌을 붙잡고 '죽을 때까지 생사고락을 함께하겠다'고 맹세를 하고 왔다는 것이었다. 면접위원은 더 물어보지 않고 합격 판정을 내렸다. 그 정도의 열정이라면 회사에 입사해서 큰 동량이 되겠다고 판단했던 것이다. 다소 과장되고 엉뚱한 면이 있다고 생각했지만 사실 그때 면접위원들은 그 지원자에게 감동을 받았다. 오히려 우리보다 더 우리 회사를 사랑하는 사람이 아닌가 하고 생각했다. 나중에는 수원에서 필자와 같이 근무하기도 했으며 그 인연으로 나중에 주례까지 서게 되었다. 서로 보통 인연은 아닌 모양이었다.

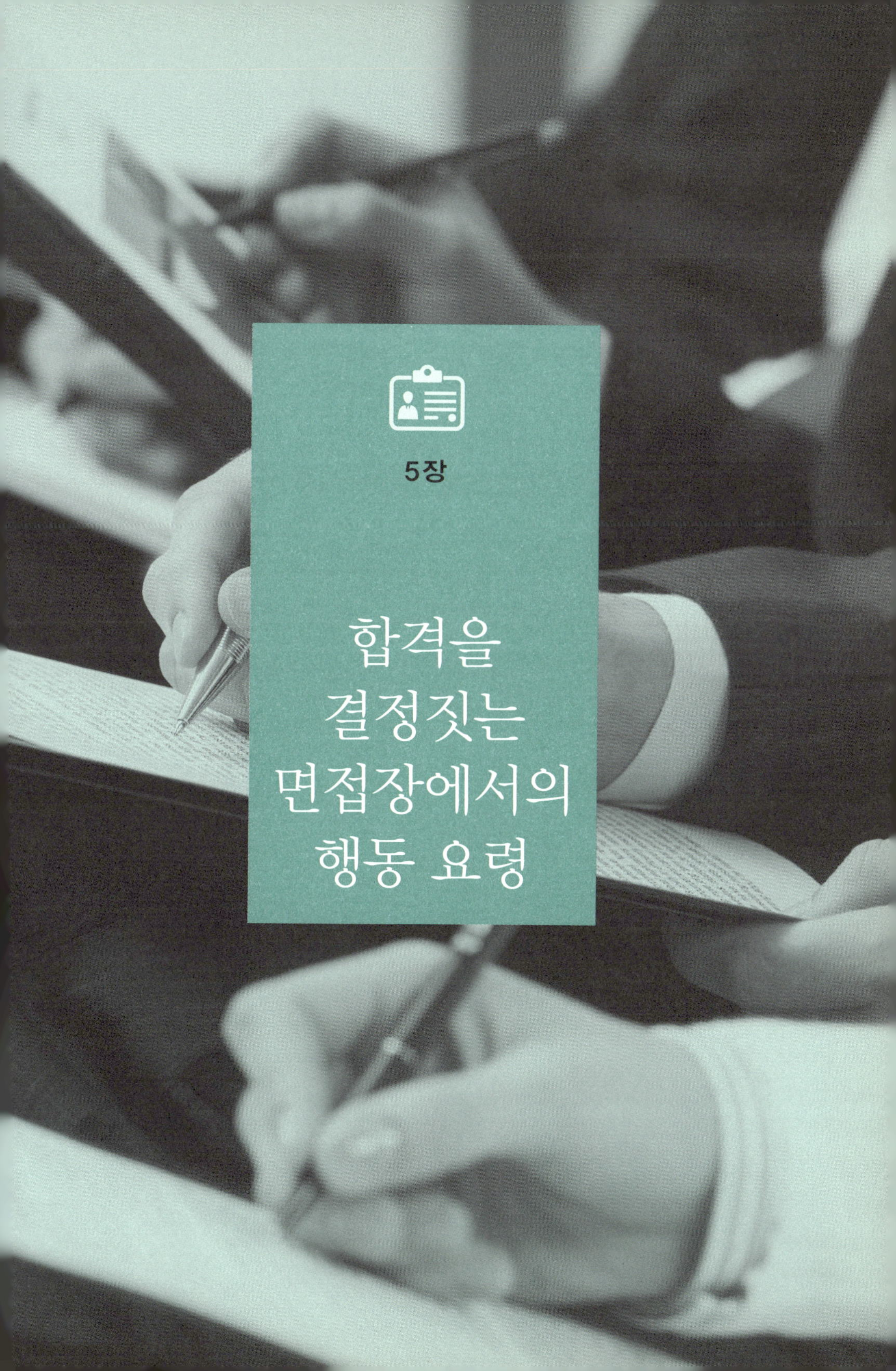
5장

합격을
결정짓는
면접장에서의
행동 요령

1 면접의 일반적 진행 절차

동선을 미리 알면 마음이 편하다

면접장에 들어서면 먼저 개인별로 지원 분야와 수험번호, 이름을 소개하도록 되어 있다. 본인인지를 확인하는 절차다. 이어서 지원자들의 긴장감을 풀어주기 위해 일상적인 멘트를 주고받는다. 준비가 되었다고 판단하면 본격적인 면접에 들어간다. 먼저 간단한 자기소개를 1분 전후로 시킨다. 이 시간 동안 면접위원은 자기소개서(입사지원서)와 비교하며 개인별로 질문할 사항들을 체크한다. 이어서 개인별로 질문을 이어가고 마지막으로 질문이 끝나면 면접책임자가 추가 질문 또는 답변이 있는지를 물어보고 퇴장해도 좋다는 이야기를 한다. 퇴장인사를 하고 나오면 면접은 끝난다.

| 면접의 진행과정 |

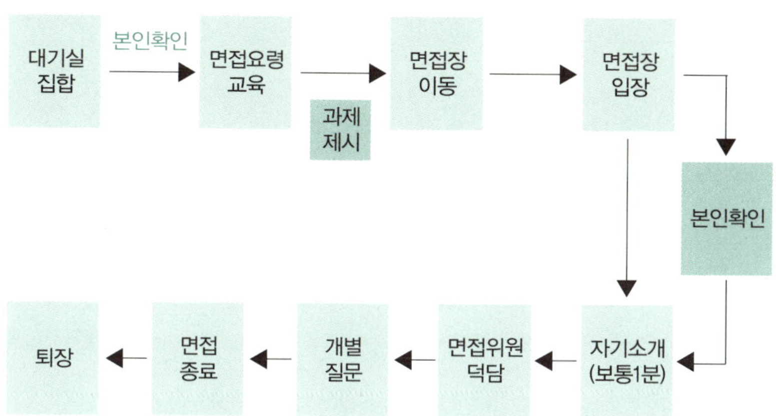

| 면접장의 일반적인 구조 |

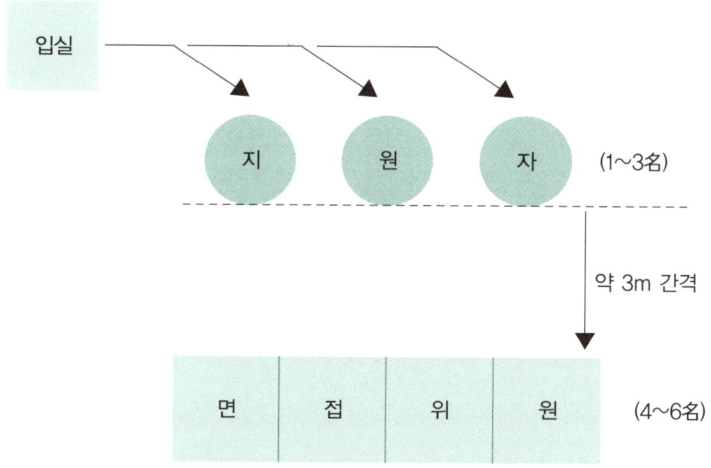

면접에서 성공하는 25가지 비결

1_ 면접장에 들어서는 순간 이미 80%가 결정됨을 명심하라

지원자 중에는 면접장에서 답변만 잘하면 합격할 것이라고 착각하는 사람이 많은데 실제로는 면접장에 걸어 들어오는 모습을 보고 면접위원은 마음속으로 가부를 이미 대강 결정한다. 걸음걸이, 용모, 눈빛을 보고 지원자의 적합성을 거의 파악한다는 뜻이다. 면접장에서의 질의 응답은 자신의 판단을 확인하는 절차에 다름 없다. 왜냐하면 말이나 글은 100% 거짓이 가능하지만 눈빛과 용모, 자세, 걸음걸이 등은 자신이 살아온 인생이 투영된 것이라 속이기가 어렵기 때문이다.

장기간 사람을 보아온 면접위원은 거의 관상쟁이의 수준에 이르러 있다. 아울러 매일 면접을 하다 보면 수많은 사람의 글과 말로써 상대적인 우열을 판단하는 것이 적지 않은 스트레스로 쌓이기 때문에 용모와 눈빛으로 미리 판단해버리는 경향이 생긴다. 면접위원도 감정과 습관을 가진 보통 사람이기에 어쩔 수가 없다. 이러한 방법이 쉽기도 하고 면접장에서 답변을 듣고 판단하기보다 오히려 오류가 적다는 사실을 알고 있기 때문이기도 하다.

따라서 면접에 응시하는 지원자가 사전 준비를 잘한다면 합격에 한발 더 다가갈 수 있다. 준비를 게을리하거나 잘못된 준비를 해놓고 답변만 살했다고 해서 합격할 가능성이 높아지지 않는다. 준비가 확실히 되어 있다면 답변을 잘 못해도 합격의 가능성이 높아진다는 뜻이다. 그러다 보니 한 회사에 합격한 사람은 다른 회사에 합격할 확률이 매우 높고 그 반대의 경우도 흔하다.

여기서 준비라 함은 면접위원이 처음으로 얼굴을 접할 때의 느낌에 대한 준비다. 질문에 대한 답변을 준비하는 것이 아니라 용모와 눈빛, 걸음걸이, 복장, 태도, 자세 등을 준비하는 것이다. 그러한 준비 상태를 보면 열정이나 적극성, 책임감, 친화력, 근성, 활력 등을 파악할 수 있다. 용모는 타고나는 것이 대부분이라 준비에 의미가 없을 수도 있지만 이미 타고난 용모라도 깨끗하고 반듯하게 가꾸는 것이 준비라면 준비인 셈이다. 눈빛이나 걸음걸이, 자세 등도 그동안 살아온 과정을 반영하는 것이라 위장이나 변조가 쉽지 않은 영역이다. 부모를 원망할 수도 있는데 성형이나 피부 관리 열풍이 부는 것도 이러한 면접의 실체를 들여다본 때문이 아닐까 생각된다.

2_ 면접 당일은 가능한 한 일찍 일어나라

늘 일찍 일어나는 사람에게는 간단한 문제이지만 평소 늦게 일어나는 사람이라면 여러 가지가 바쁘다. 식사도 그렇고 용모도 불안정해 보이기 마련이다. 물론 면접 전날 긴장감으로 잠을 설치는 경우도 많이 있다. 그러나 편안하게, 세심하게 면접을 준비한 사람이 유리하다. 급하게 준비하거나 식사도 못 하고 나오면 우리 몸이 그것을 알고 불안정한 상태가 된다. 스스로 일어나기 어려우면 부모님이나 가족에게 부탁해서라도 일찍 일어나 가벼운 스트레칭과 명상으로 몸과 마음을 정돈한 후에 면접장으로 출발하도록 하자.

3_ 식사는 평소대로 꼭 하되 가볍게 하고 가라

면접장에 들어가서 앉으면 면접위원이 지원자들의 긴장감을 풀어주기 위하여 이런저런 가벼운 질문을 던진다. '아침 식사는 하셨나요?' '지방에서 언제 올라왔지요?' '오늘 교통 안 막혔나요?' '아침에 부모님이 어떤 격려를 하시던가요?' 등등. 이런 가벼운 질문은 대부분 지원자들의 긴장감을 풀어주려는 것이지만, 지원자들의 심리 상태를 확인하고 면접위원이 가지고 있던 생각들을 점검해 보려고 하기도 하다.

이런 질문에 정답은 없지만 몸과 마음이 정상적인 상태로 면접에 임하는 것이 바람직하다. 긴장감 탓에 입맛이 없다고 아침을 안 먹고 참석하면 몸의 긴장도가 더 심해질 수 있다. 배고픈 상태에서 집중도는 더 떨어진다. 반대로 너무 많이 먹으면 노곤해진다. 평소에 하던 대로, 몸에 부담이 안 될 정도로 가볍게, 편안한 음식을 섭취하고 참석하는 것이 바람직하다. 식사는 면접 전 최소한 1~2시간 이전에 하는 게 가장 좋다. 식사를 하지 않고 면접장에 나타났다는 사실을 면접위원이 알면 스트레스 관리 능력이 떨어진다고 판단한다.

4_ 면접관에게 신뢰를 주는 복장과 용모로 참석하라

우리나라의 면접위원은 대개 40~50대의 남성이다. 그들은 성실하고 반듯하며 모범적인 인재상을 가슴속에 지니고 있다. 튀는 복장이나 용모를 수용하는 곳은 아직도 별로 없다. 아무리 창의력이 출중하다고 해도 청바지나 티셔츠를 입고 나타나는 사람이 우리나라의 공개 면접에서 선발될 확률은 매우 낮다. 우수 인력 스카우트나 전문가를 모셔오는 경우가 아니라면 튀는 복장은 유리하지 않다. 짙은 색상의 정장이 바람직하다.

정장을 자주 입어볼 기회가 없는 지원자들이 남의 옷을 빌려 입고 오는 경우가 종종 있는데 매우 어색해 보인다. 빌리더라도 사이즈는 맞추기를 권장한다. 몸에 꼭 끼이거나 헐렁헐렁한 옷매무새를 보면 아무리 우수한 자질을 갖추었다 하더라도 센스나 융통성이 떨어져 보이기 때문이다.

영업직을 선발하는 경우가 아니라 하더라도 어느 직무나 내부 고객과 관련 사람들을 만나게 되기 때문에 고객에게 편안하고 믿음을 주는 복장과 용모를 면접관은 선호한다.

여성의 경우도 마찬가지다. 짧은 치마를 입으면 서로 난처해질 수 있다. 바지가 더 편하고 활동적으로 보인다. 상의는 대체로 밝은 색 블라우스에 짙은 색 정장을 걸쳐 입는 것이 바람직하다. 치마를 입을 경우는 앉아서 무릎을 덮을 수 있는 길이라야 서로 시선이 편하다. 머리도 무난하게 처리하는 것이 바람직하다. 20대의 눈으로 보면 멋진 모습이라 해도 40~50대에게는 그렇지 않게 보인다. 따라서 용모와 복장은 부모님이나 삼촌의 조언을 받는 것이 좋다. 그들에게 무난하게 보이면 면접관에게도 그렇게 보이기 때문이다. 기업에서 적합한 복장은 세 가지 관점으로 판단한다.

첫째 품위가 있을 것, 둘째 일하는 데 방해가 되지 않을 것, 셋째 고객이나 다른 사람과의 업무 관계에서 위화감을 주지 않을 것이다. 요즘은 기업에 따라 자유복을 허용하거나 간편복을 선호하기도 하지만 면접에서는 튀지 않고 믿음이 가는 '정장' 이 바람직하다.

5_ 최소한 30분 전에는 면접장에 도착하라

면접장에 너무 일찍 도착할 필요는 없지만 최소한 30분 전에는 도착하는 것이 좋다. 면접진행자의 눈에 준비성이나 준법성 등이 있는 것으로 인식되므로 눈에 띄기 쉽고 진행자가 어떻게 준비하는가를 보고 있으면 정신적으로도 안정이 되며 면접에 대한 요령이나 자신감도 생긴다.

허겁지겁 시간에 쫓겨 늦게 나타나거나 준비가 덜 된 채로 나타나면 본인은 물론이고 면접진행자에게도 부담이 된다. 면접은 진행자로부터 이미 시작되고 있음을 알아야 한다. 그래서 면접 대기장의 모습도 중요하다. 면접은 면접장에서만 진행되는 것이 아니다. 그 회사에 들어서는 순간부터 많은 눈들이 지켜보고 있다는 점을 명심해야 한다.

6_ 면접 직전에는 복장과 용모를 다시 한 번 점검하라

면접장을 확인하고 난 후, 주변에서 어슬렁거리지 말고 10분 정도 시간이 남으면 화장실을 찾아서 다시 한 번 복장과 용모, 두발, 신발의 정리 상태를 점검하고, 위장도 다시 한 번 비워두는 것이 좋다. 잡념 없이 면접에 몰입할 수 있는 여건을 만들어야 한다. 머리나 복장, 용모를 확인했다면 면접 시작 10분 전에는 대기실에 정좌

하여 진행자의 지시에 따라야 한다. 조직 규율성도 체크 대상이기 때문에 미리 준비해서 단정히 대기하고 있는 자세를 높게 본다. 진행자가 면접 평가를 직접 하는 것은 아니지만 눈에 띄는 나쁜 행동이나 우왕좌왕하는 모습은 부정적인 영향을 미친다.

7_ 면접 대기실에서 이미 면접은 시작된다

면접장에서만 면접이 진행되는 것이 아니라 대기실에 오면 이미 면접은 시작된다.

작은 움직임도 눈에 띄기 마련이다. 친구를 만났다고 떠들고 자유롭게 자세를 취하거나 한다면 진행자의 눈에 진지함이 떨어지는 것으로 비칠 수 있다. 너무 긴장된 모습도 바람직하지 않지만 너무 풀어져 있는 언행도 보기 좋지 않다. 이런 점들을 진행자가 체크해 면접 점수에 실제로 반영하기도 한다. 왜냐하면 자연스러운 상황에서의 행동들이 더 진실된 지원자의 실체라고 판단하기 때문이다. 진행자나 면접위원 중에 아는 분이 있을 수도 있지만 아는 척은 금물이다. 공사를 확실히 구분해야 한다. 면접진행자는 그날 면접을 오는 지원자들의 신상을 이미 파악하고 나온다. 그래서 누가 어떤 사람인지를 대강 알뿐더러 요주의 인물에게는 시선과 관심을 두기 마련이다. 자신의 일만 하고 지원자들은 안 보는 것 같지만 늘 주시하고 있다는 점을 명심해야 한다.

8_ 가능하다면 오후 면접 시간을 선택해라

면접관도 감정과 신체를 가진 사람이다. 늘 이성적인 판단만 하는 것이 아니다. 따라서 감정의 기복도 있고 기분에 따라서 면접 점수가 오락가락하기도 한다. 필자의 경험으로는 오전보다 오후에 면접 점수가 후하게 나왔다. 오전에는 평균적으로 면접관의 심리 상태가 예민하고 정신도 명료하다. 그래서 매우 분석적이고 냉정하며 꼬치꼬치 따져 묻는 질문들이 많다.

면접위원도 오전 면접을 끝내고 점심식사를 하고 나면 마음도 열리고 편안한 가운데 면접에 임하게 되어 아주 박한 평가는 줄어든다. 오후에는 판단력이 다소 흐려지며 가슴도 열려 있다. 따라서 면접 시간을 본인이 선택할 수 있는 여건이라면 오후 면접을 권장한다.

9_ 어깨 펴고 뚜벅뚜벅 씩씩하게 입장하라

면접대기실에서 호출되어 면접장으로 걸어 들어갈 때는 어깨를 펴고 당당하고 씩씩하게 입장해야 한다. 움츠리거나 소심하게 걸어 들어가면 합격률은 현저히 떨어진다. 다만 몸 전체의 움직임은 적어야 안정돼 보인다. 면접위원은 지원자가 걸어 들어오는 모습만으로 절반은 판단한다. 시선은 앞사람의 눈높이에 두고 어깨 펴고 당당히 입장해야 한다. 요란한 행동은 안 되겠지만 주눅 든 모습으로, 마치 끌려 들어오는 소처럼 보인다면 합격은 요원해진다. 입사 후의 직장 생활은 면접 보는 것보다 쉽지 않다. 면접장에서 그 정도로 긴장한다면 나중에 조직 생활을 할 때도 위축될 것이라고 생각하기 때문에 면접위원으로부터 좋은 점수를 받기는 난망하다.

10_ 밝고 맑은 눈빛을 유지하라

필자도 눈빛이 맑은 편은 아니다. 술 많이 마시고 바깥에서 하는 운동을 좋아하다 보면 눈자위에 그늘이 생기기 마련이다. 그러나 첫인상이 밝고 맑아야 좋은 이미지를 얻는다는 것은 어쩔 수 없는 사실이다. 눈은 마음의 창이라고 한다. 눈만으로 모든 것을 파악할 수는 없지만 마음 상태를 눈을 통해 대강은 추리해볼 수 있다.

잠을 못 자서 충혈이 된 눈이나 술을 자주 마셔서 혼탁해진 눈으로 면접에 임한다면 그만큼 합격의 가능성도 어두워진다. 또한 눈빛을 초롱초롱하게 가져야 한다. 말하자면 눈에 힘이 있어야 한다는 뜻이다. 눈이 밝고 맑으면 일단 열정적이고 바른 사람으로 보인다.

눈만 보아도 그 사람이 성실한가, 책임감이 있는가, 열정적인가, 긍정적인가, 선량한가 등을 대강 짐작할 수 있다. 최소한 면접관은 그렇게 생각한다. 면접에서 답변 열 마디 잘하는 것보다 맑고 총명한 눈을 가지는 것이 더 중요하다.

필자는 그래서 거울을 보고 눈을 밝게 뜨는 법을 연습하라고 충고한다. 눈자위가 처지거나 움푹 들어간 눈은 사람을 음울하고 소극적으로 보이게 한다. 눈을 앞으로 내미는 노력을 하다 보면 눈에 힘이 생긴다. 얼굴에서 가장 중요한 것이 눈이다. 강하게 뚫어져라 쏘아보아서는 안 되겠지만 힘 있는 눈을 만드는 일은 합격에 다가가는 가장 중요한 노력 중에 하나다.

예전 삼성의 사장단 면접에 관상쟁이가 배석하여 지원자의 관상을 보고 향후 회사에 해를 끼칠 '반골상'이면 아무리 직무 능력이 뛰어나더라도 합격시키지 않았다는 이야기가 떠돈 적이 있었다. 필자도 초기에는 그런 분이 계셨다는 이야기를 들었다.

필자가 관상쟁이는 아닌지라 반골상이 구체적으로 어떤 형상인지는 알 수 없다. 다만 사람의 얼굴에는 내적인 상태나 생각이 많이 드러나기 때문에 면접위원이면 스스로 인지하지 못했더라도 얼굴을 보고 사람을 판단하는 법을 알고 있다.

'신은 사람의 마음을 보고 판단하고 인간은 용모를 보고 판단한다'는 말이 있듯이 얼굴과 용모는 사람을 판단하는 데 중요한 기준과 척도가 된다. 한때 다음과 같이 사람을 얼굴로 판단하는 법을 면접위원에게 교육하기도 했다.

가. 눈을 보고 판단하는 법

● 눈빛이 맑고 밝아야 한다(건강과 총기)
● 눈은 마음의 창이라 총명함과 지혜가 나타나는 부분이다
● 눈빛에 힘이 느껴져야 한다
● 눈빛이 밝고 안정된 사람은 몸과 마음이 건강하다는 징표다
● 흰자위가 검은자위보다 큰 사람은 돈키호테적인 면이 있다
● 검은자위가 흰자위보다 큰 사람은 심성이 어두운 면이 있다

나. 코를 보고 판단하는 법

● 코는 건강의 상징이다
● 코는 바르고 색깔이 좋아야 한다
● 넓은 코는 둔해 보이고 우직한 인상을 준다
● 얇고 좁은 코는 신경이 예민한 사람이다
● 매부리코는 고집이 센 사람이다
● 구부러진 코(비중격)는 고치는 것이 좋다
● 코는 얼굴의 중앙에 있어 얼굴의 균형과 윤곽을 좌우한다
● 병(축농증 등)으로 구부러진 사람이 있는데 성형을 해서라도 바른 모습으로 고치는 편이 좋다

다. 입을 보고 판단하는 법

● 입은 의지를 상징한다
● 입술의 색깔이 밝고 선명해야 건강한 사람이다
● 입술이 굵고 두툼한 사람은 성격이 단순하고 억세다
● 입술이 얇은 사람은 예민하고 변덕이 있는 성격이다
● 입술이 작은 사람이 오히려 말이 많다

라. 귀를 보고 판단하는 법

- 귀는 사람의 인성을 좌우한다
- 사람마다 귀의 모습은 매우 다르다
- 귀가 서 있는 사람은 남의 이야기를 잘 들어주는 사람이다
- 귀가 얇은 사람은 남의 이야기에 좌우되는 경우가 많다(귀가 얇다)
- 귀가 긴 사람은 덕이 높은 사람이다(유비)
- 귀 윗부분이 뾰족한 사람은 성격이 외골수다

요즘 취업지원자들 사이에는 '관상 성형'도 유행하고 있다고 한다. 좋은 관상을 만들기 위해 얼굴을 뜯어고치는 일이다. 각진 턱을 깎고 눈도 좀 예쁘고 적당한 사이즈로 만들고 매부리코는 좀 내리고 뭉툭한 코는 좀 올려서 인상을 좋게 만드는 노력 같다. 사실 이런 노력이 다소 도움은 될 것으로 판단된다. 첫인상을 구기면 답변으로 만회하기 쉽지 않기 때문이다. 관상 성형을 한다 해도 타고난 눈빛이나 자세, 걸음걸이나 기본 태도를 바꾸기에는 한계가 있으니 절대적인 효과는 없을 듯하지만 지원자의 입장에서는 지푸라기라도 잡고 싶은 심정에서 벌이는 해프닝이라고 생각된다.

11_ 크고 명료한 발음으로 자신감과 힘을 보여줘라

걸음걸이와 자세, 용모와 눈빛을 보고 사람을 판단하고 나면 마지막으로 목소리를 듣고 마무리를 짓는다. 목소리로는 자신감과 건

강을 파악할 수 있다. 큰 목소리가 중요한 것이 아니라 단단한 목소리가 호감을 얻는다. 단단한 목소리란 힘이 있고 에너지가 느껴지는 목소리다. 가늘고 약한 목소리를 가졌다면 연습을 통해 톤을 굵게 하고 단단하게 만들어라. 목소리가 퍼져나가도 흩어지지 않고 일정한 톤을 유지하되 의지와 열정이 느껴지는 목소리가 유리하다.

자신감이 부족하면 목소리가 기어들어가기 마련이다. 눈빛도 살아 있고 목소리도 든든하면 일단 건강하고 열정적이며 활력이 있어 보인다. 급한 목소리는 신중하지 못해 보이고 말하는 내용이 흩어지기 쉽다. 천천히 또박또박 말하되 강조하고 싶은 어휘에는 톤을 조금 더 높여주는 것도 바람직하다. 문장과 문장 사이에 약간의 침묵을 주거나 한 템포 띄우는 것도 호소력을 높여 집중하게 한다. 급하게 정확하지 않은 발음으로 이어가는 화법이 가장 듣기가 거북하고 내용도 알아듣기 어렵다는 걸 기억해라.

12_ 가능하면 적극적으로 답변에 임하라

질문에 답변을 주저하거나 말을 한 박자 늦게 출발하면 준비성이 없어 보인다. 일단은 먼저 출발하는 것이 좋다. 내용이 틀려도 좋다. 적극성이 더 중요하다. 다만 여러 사람에게 말을 시켰을 때는 옆 사람의 언행에 보조를 맞춰 동참하는 것이 바람직하다. 그렇더라 하더라도 늦게 하는 것보다는 먼저 시작하는 것이 더 적극적으로 보이는 것은 물론이다. 머리를 과도하게 흔들거나 옆 사람 발언까지 침범하는 모션이 아니라면 적당한 제스처도 필요하다. 목소리의 톤과 답변의 내용에 확신을 보태준다. 조용히 앉아 미동도 없이 이야기하면 침착성은 있어 보이나 열정과 적극성, 행동력이 낮아 보인다.

13_ 면접관의 입과 목 정도에 시선을 두는 것이 좋다

목을 몸 쪽으로 끌어당기면 강인하게 보이고, 눈은 적당히 들어서 보는 것이 힘과 의지가 있어 보인다. 면접관의 눈을 직접 쳐다보는 것보다 코나 입, 목 정도에 시선을 두고 이야기하는 것이 예의 바른 사람으로 보인다. 고개를 숙이거나 너무 쳐드는 것도 바람직하지 않지만 눈길을 낮추는 것도 자신감이 없어 보인다. 수사관과 피의자의 대화 장면을 보면 피의자는 고개를 숙이고 눈길을 낮춘다. 그만큼 소극적으로 보여 동정심을 유발하기 위함이다.

일정한 높이로 계속 보는 것보다 가끔은 아래위로 시선을 옮겨가며 자연스러움을 유지하라. 매사는 자연스러운 것이 가장 바람직하다. 면접관의 책상에 놓여 있는 지원서를 보는 듯한 각도는 피해야 할 시선 방향이다. 면접관 입장에서는 훔쳐보는 것이 아닌가 생각할 수도 있다. 면접관의 책상에 둔 서류들을 보는 듯하면 면접관으로 하여금 불쾌감이나 부정적인 인식을 심어줄 수도 있으니 경계

해야 한다.

14_ 이 회사에 내가 왜 필요한지 설명하라

지원 동기를 물어볼 때나 직무적합성을 물어볼 때, 장단점을 질문할 때, 자신이 왜 이 회사에 꼭 필요한 사람인지를 사전에 연구해서 준비한 대답을 하라. 이 질문은 어떤 조직의 면접에서나 한 번은 꼭 나오는 질문이다. 이 항목에서는 추상적이거나 총론적이거나 일반명사를 동원한 답변은 좋은 점수를 받지 못한다. 자신의 장점이 어떻게 이 회사의 요구에 부합하는지를 열정적으로 설명해야 합격 가능성이 높아진다.

누누이 설명했듯이 지원하는 회사에 대한 자세하고도 심층적인 사전 연구가 필요하다. 그리고는 자신과 정합하는 요소를 찾아야 한다. 그것을 창의적, 구체적, 상징적으로 표현한다면 입사 의지가 높은 것으로 인식시킬 수 있다.

이 답변을 자신 없게 하거나 추상적으로 얼버무리면 추가 질문이 들어온다. 추가 질문이 들어온다는 것은 일단 애매하다는 말이다. 아예 합격시킬 자원이 아니면 추가 질문은 하지 않는다. 또한 확실히 합격시킬 자원에게도 추가 질문은 하지 않는다. 이미 판단이 완료되었다면 더 물어보는 것은 시간 낭비라고 생각하기 때문이다.

15_ 자신을 표현할 아이디어를 하나 이상 준비하라

하루 종일 또는 일주일간 같은 면접을 진행하는 면접관 입장에서는 일반적인 이야기가 귀에 잘 들어오지 않는다. 새로운 접근과 새로운 단어와 용어를 구사해야 귀를 열 수 있다. '적극성과 책임감이 있고 열정이 강합니다' 유의 이야기는 식상할뿐더러 구체적이지 못하다. 적극성이나 열정 등은 지원자의 말이나 행동, 모습을 보고 면접위원이 판단할 사항이지 본인이 주장한다고 해서 그대로 믿는 게 아니다.

새로운 아이디어는 창의력과 입사 의지, 에너지를 느낄 수 있게 하는 아이템이기 때문에 꼭 필요하다. 궁금증을 일으킬 용어를 사용하거나 시중에 유행하고 있는 이야기에 자신을 대입하여 설명하는 방법도 좋다. 지원하는 회사 이름으로 4행시를 짓거나 자신의 이름을 이용하여 참신하게 어필하는 방법도 있고 새로운 용어를 만들어도 좋다.

남이 하지 않는, 나를 표현하는 참신한 아이디어가 있다면 장시간의 면접으로 피곤한 면접위원에게 청량제 하나를 선사하는 것과 같아서 호감을 얻을 수 있다. 면접이란 지원자 입장에서는 한 번뿐인 만남이고 기회지만 면접위원 입장에서는 수백 명의 지원자 중에 한 명일 뿐이며, 면접 자체도 그냥 일상적으로 수행해야 할 업무 중에 하나일 뿐이다. 따라서 자신을 표현할 한 번뿐인 기회를 백분 활용하기 위해서는 창의적인 노력이 필요하다. 남과 똑같은 용어로 자신을 설명해봤자 면접위원의 눈에 띄지 않는다. 특히 면접위원 입장에서 전반적인 판단이 애매할 때는 이러한 노력들이 합격으로 연결해주는 동아줄 역할을 한다.

16_ 때로는 임기응변도 필요하다

최근에는 많이 줄어들었지만 과거에는 '압박 면접'이 유행이었다. 지원자가 충분히 대비할 수 없도록 의도적으로 엉뚱한 질문을 하거나 쉴 새 없이 질문을 던짐으로써 지원자의 내면에 들어 있는 속마음을 파악하기 위함이다. 이런 경우 임기응변의 능력이 있어야 순탄하게 넘어간다. 그러지 못하면 면접위원의 강한 질문에 말려들어 자신의 숨겨진 속내(?)가 탄로 날 수 있다. 그러다 보니 면접은 지원자와 면접관 사이의 치열한 심리전 양상을 띤다.

예를 들면 '엄마와 애인이 같이 물에 빠졌다. 당신은 누구를, 왜 먼저 구하겠는가?' 또는 '회사에서 친구가 노사분규에 주도적으로 앞장섰다. 당신은 어떻게 행동하겠는가?' '가장 친한 친구가 회사 공금을 잠시 빌려달라고 한다. 당신의 선택은?' 등의 질문들이다. 보통 이런 질문이 단속적으로 틈을 주지 않고 이어진다. 최근에는 비인격적이라거나 너무 갑의 입장에서 질문을 강압적으로 던지며, 원하는 답변도 회사 지향적이고 가치 편향적인 경우가 많아서 자제하는 편이지만 아직 압박 면접을 시도하는 회사가 많다. 이런 경우

면접위원의 질문에 휘말려들지 말고 한 박자 쉬어가며 자신의 생각을 이야기해야 한다.

사실 치열한 경쟁사회에서 회사 업무를 하다 보면 긴박하거나 예기치 못한 상황과 마주하게 된다. 면접위원은 그런 상황 처리 능력을 보고 싶고 또한 숨겨진 지원자의 속내를 알고 싶어서 그런 질문들을 던진다.

17_ 다른 회사 지원 경험을 묻는 질문에는 아니요라고 답하라

이 항목에서는 정직함이 답이 아니다. 다른 회사에 지원했다가 떨어진 자원을 좋아하는 면접위원은 없다. 다른 사람에게 퇴짜 맞은 남자를 좋다고 할 여자가 없는 것이나 마찬가지다. 정직함을 내세워 타사에 불합격한 사실을 털어놓는다면 정직함에 앞서 적합성에서 불합격 판정을 받는다. 이는 회사와 면접위원의 자존심이 달린 문제다. 자원의 인성이 아주 좋아보여도 다른 회사에 기웃거렸다는 것은 해당 회사에 목을 매는 사람이 아니라는 뜻이고 면접위원이 발견하지 못한 단점을 다른 회사가 파악했을 거라고 생각해 기분 나빠할 수 있기 때문이다.

한 회사만 바라보고 입사지원서를 내는 사람은 없겠지만 그래도 면접위원 입장에서는 '우리 회사에만' 입사하고 싶어 하는 자원을 뽑고 싶다. 거짓말이라도 '아니요' 라고 답변하길 바란다.

필자가 면접위원으로 근무할 당시 다른 경쟁사에 지원했다가 낙방한 지원자가 있었다. 필자가 몸담던 회사는 업계의 확실한 1위 회사였는데 하위사에도 합격하지 못한 자원을 뽑는다는 것은 정말 자존심이 허락하지 않는 일이었다. 자원은 그리 나빠 보이지 않아 잠시 망설였지만 그 말 한마디로 불합격 판정을 내렸다.

면접위원도 감정을 가진 사람이기 때문에 자존심을 세워주는 발언을 하면 호감을 얻어 합격의 가능성이 높아지고 그렇지 않은 경우에는 불합격이라는 비애를 맛볼 수밖에 없다.

18_ 모르는 질문에 대해 억지로 답변하려고 하지 마라

아무리 노력해도 점쟁이가 아닌 다음에야 질문을 정확히 예상해서 제대로 답변을 준비하기란 쉽지 않다. 예측하지 못한 질문이 나오더라도 당황하면 안 된다. 우물쭈물 주저하거나 억지로 엉뚱한 답변을 하는 것보다 솔직히 '모르겠다'고 답변하는 것도 하나의 요령이다.

면접위원은 정답을 알기 어려운 질문을 일부러 던져본다. 이런 경우 억지로 오답을 이야기하는 것보다 모른다고 정직하게 대답하는 게 유리하다. 우선 정직이나 솔직함, 남자다움을 보여줄 수 있기 때문에 억지로 틀린 답을 하는 것보다는 좋은 평가를 받을 수 있다. 질문에 답변을 잘한다고 합격을 보장받는 게 아니다. 면접위원의 높은 식견에 감탄하는 표정을 짓고 첨언으로 정중하게 '좀 더 자세히 설명해 달라'고 하여 답변 시간을 벌거나 정히 모르겠으면 사죄하고 '더 공부하겠다'고 말하는 게 정답이다.

나중에 입사하여 상사가 업무를 지시할 경우도 못 알아들었거나 잘 모르겠으면, '모르겠다'고 자백하고 다시 지시를 받는 것이 바람직하다. 상사의 지시와는 다르게 자기 방식으로 해석하여 엉뚱한 결과를 만드는 편보다 훨씬 낫다. 답변을 잘하고 못하고는 합격 여부의 20% 전후를 좌우할 뿐이다. 남자들의 경우 군에서 상관이 질문할 때, '모르겠습니다' '잊었습니다'도 훌륭한 답변이 되었음을 경험을 통해 알고 있을 터이니 이 점을 잘 명심하기 바란다.

19_ 추가답변이나 질문도 필요하다

면접위원의 질문 중에 제대로 답변을 못했거나 나중에 그 답이 생각났을 경우 '추가로 답변해도 되는가'를 물어보고 다시 답변하는 게 소극적으로 포기하는 것보다 낫다. 과제를 끝까지 해결해보려는 근성과 적극성이 있는 사람으로 보이기 때문이다. 다만 필자의 오랜 면접 경험으로 볼 때, 다시 답변해서 답을 찾으면 좋은데, 또 다른 오답을 이야기하여 결과가 더 나빠지는 경우가 많았다.

많은 기업이 면접위원이 일방적으로 질문하고 지원자가 답하는 방식에서 벗어나 서로 교감하는 양방향(two-way) 면접 방식을 도입하고 있다. 그래서 면접 마지막에 지원자들에게 질문할 기회를 준다. 이 기회를 활용하면 적극성과 회사에 대한 애정을 갖고 있음을 어필할 수 있다. 다만 면접위원의 신경을 자극하거나 예민한 사안, 또는 본인의 개인적인 관심사에 그치는 질문은 도움이 되지 않는다. 기자의 취재나 취조, 심문하는 느낌의 질문으로 인식되면 감점 요인이 된다. 자신의 입사 의지를 돋보이게 하고 면접위원의 자긍심이나 자부심을 은근히 올려줄 수 있는 질문이나 답변이 유리하다. 면접위원도 감정을 가진 인간이라는 점을 늘 명심해야 한다.

- 신입사원이 회사생활에 잘 적응하려면 어떤 자세로 임하는 것이 좋습니까?
- 입사 전에 더 준비할 사항은 어떤 것이 있습니까?
- 회사의 중요 직책에 계신 분들이라 들었는데 성공의 비결은 무엇입니까?

등 답변하기 쉽고 가치중립적이며 면접위원의 위상을 존중하는 질문이 좋다.

- 급여는 얼마나 줍니까? 다른 회사와 비교해서는 어떻습니까?
- 현재 업계에서 3위로 알고 있습니다. 향후 정상 탈환 대책은 무엇입니까?
- 최근 회사 경영이 어려워지고 있는 것 같은데 어떤 대책을 가지고 계십니까?
- 신문에 부정적인 보도가 있던데 그 이유가 무엇입니까?
- 회사의 당면과제나 사정을 너무 잘 아는 듯한 질문
- 답변이 어렵거나 곤란한 가치 판단적인 질문
- 기타 민감한 정치적 답변을 요구하는 질문

20_ 달변과 웅변조의 답변 태도는 감점 요인

너무 달변이거나 웅변조의 답변 태도는 오히려 감점 요인이 된다. 달변을 긍정적으로 판단하기보다는 말만 번드레하고 실행력이 떨어질지 모른다고 판단하는 경우가 많다. 역설적으로 들릴지 모르지만 신입사원답게 약간 단순하고 우직한 답변 태도가 오히려 신뢰감을 준다.

우리가 대학에 들어갔다고 치자. 아무리 재수, 삼수를 해서 나이가 많다 하더라도 신입생은 신입생이다. 신입생이 2~3학년같이 노숙해 보이려고 노력하다가는 별로 유익한 학창 시절을 만들지 못할 것이다. 신입생은 어떻게 보아도 신입생의 티가 나는 것인데 그것을 숨겨보려고 우쭐거리면 조직 생활에서 감점 요인이 된다.

면접위원에게는 단단하고 열정적으로 보이면 된다. 너무 유연하고 매끄러운 발언 태도는 오히려 거부감을 준다. 답변을 막힘없이 잘했다며 합격을 예상하고 있던 지원자 중에 의외로 낙방하는 경우가 많은데 대개는 이런 이유 때문이다.

또한 '지원자가 거꾸로 면접위원을 면접한다'는 느낌을 주어서는 곤란하다. 과거 필자가 면접위원으로 면접에 참여했을 때 오후 마지막 면접시간에 온 지원자 중 한 사람이 이렇게 발언을 시작했다. "면접위원 여러분 장시간 면접으로 얼마나 피곤하십니까? 제가 사장이라면 그 노고를 치하해 드리고 싶습니다"라고. 일순간 면접장은 분위기가 싸해졌다. 사실 우리가 하루 종일 진행된 면접으로 피곤하고 지친 것은 사실이었다. 아마도 그 지원자는 우리를 위로해준답시고 한 발언이었겠지만 전원 일치로 불합격 판정을 내렸다. 그 이유는 설명하지 않아도 알 수 있을 것이다. 면접이 종료된 후에도 이 지원자는 면접위원을 우습게 안 사람이라고 이야깃거리가 되었다.

지원자는 어디까지나 지원자의 입장으로 면접에 임해야 한다. 누구나 존중받기를 원한다. 더구나 입사 여부를 결정하는 면접위원이라면 더 그렇다. 다소곳이 자신의 생각을 패기 있게 설명하면 되는 것이지 지원자의 위상을 떠나 면접위원을 대등하게 생각하거나 오히려 아래로 내려다보는 듯한 발언은 불합격을 확실히 보장받는다.

21_ 면접위원을 내 편으로 만들어라

면접장에서는 너무 긴장하여 자세나 답변이 어색해지기 쉽지만 일단 매장이나 사업장을 방문해본 지원자라면 아예 입사하여 근무하는 직원 같은 느낌으로 면접에 임하는 전략이 유효하다. 면접위원으로 하여금 동질감과 자긍심을 느끼게 함으로써 불합격판정을 내리기 어렵게 만드는 전략이다. 어떤 지원자는 '어젯밤 이 회사에서 열심히 일하는 꿈을 꾸었다'는 이야기로 합격 판정을 받기도 했다. '얼마나 들어오고 싶으면 꿈속에도 나타날까' 하는 묘한 동정심을 형성해 면접위원들로 하여금 자기 직원이 아닌가 하는 착각을 불러일으켰다. 방문 소감이나 꿈 이야기 등을 통해 일종의 최면을 걸면 면접위원은 앞에 앉은 지원자의 상사라는 생각을 하므로 불합격 점수를 주기가 어렵다. 이런 접근 방식은 거짓말이라 해도 면접장을 기분 좋은 분위기로 바꿀 수 있다.

22_ 주변 지원자들과도 시선과 호흡을 맞춰라

다수(보통은 3명 전후)가 면접을 보는 경우, 혼자서 답변하거나 면접장 분위기를 독식해서는 안 된다. 적극적으로 보이려고 일부러 이런 모양을 취하기도 하는데 절대 도움이 되지 않는다. 조직이란 어울려 일하는 집단이라 혼자서 독불장군식으로 나대는 것은 조직력을 해치는 행위라 생각하기 때문이다. 면접위원은 답변 내용보다는 답변에 임하는 태도나 말투, 자세에 더 관심을 가지고 있음을 명심해야 한다.

면접은 정답을 잘 맞히는 장원을 뽑는 퀴즈 게임이 아니다. 우리 조직에 적합한 사람인지를 가려내는 자리다. 다른 사람에게도 발언 기회를 주고 다른 사람이 발언할 때는 시선도 주고 고개를 끄덕이는 등의 경청 자세를 보여줘야 좋은 점수를 얻을 수 있다. 면접위원은 발표자의 답변을 듣는 중에도 다른 지원자의 행동과 자세도 관찰하고 있다. 같이 면접 보는 지원자들과 은연중에 호흡과 균형을 맞추는 것이 합격의 지름길이다.

23_ 외동인 경우에는 별도로 더 준비해서 답변해야 한다

며칠 전 신문을 보니 외동아들이 친족이나 주변 인척들에 대해 범죄를 저지르는 확률이 평균보다 높았다. 그만큼 사회성이 부족하다는 증거다. 마마보이도 많은 편이다. 작은 일에 발끈하거나 자기 스스로 감정을 컨트롤하는 능력도 낮을 수밖에 없다. 부모(혹은 편부모)와 자신만으로 가족을 구성하고 30년 가까이 살아왔기 때문에 자의식(ego)이 매우 강하고 남을 생각하는 능력이 떨어지며 스트레스 내성이 약한 것이 당연하다.

이미 출산율이 낮아졌고 한두 자녀가 대부분인 미국 등 선진국에서는 초등학교 교과 과정에 감정 조절법을 넣어서 사전 교육하고 있으나 아직 우리나라에는 그런 교육이 없다. 작은 일에도 충동적으로 반응하거나 감정의 기복이 심하면 많은 구성원이 자신을 희생하거나 인내하면서 공동의 목표를 이뤄가야 하는 기업 조직에서는 받아들이기 어렵다. 따라서 지원자가 외동이라면 그 개인을 받아들여야 하는 기업 입장에서는 매우 신중하게 면접에 임한다. 더구나 보여지는 인상이나 이미지가 밝지 못하면 더더욱 집요한 질문이 이어진다. 또한 이런 사람이 군 면제를 받았거나 학창 시절 이유가 불분명한 휴학까지 했다면 면접위원들의 부정적인 선입견을 걷어내기가 만만치 않을 것이다.

면접위원은 이런 자원을 만나면 압박 면접을 시도한다. 단속적으로 계속 질문해서 스트레스를 주고 어떻게 반응하는가를 주시한다. 이런 경우 면접 위원의 질문 공세에 휘말리면 성공을 보장 못한다. 한 템포 쉬며 침착하게 답변하고, 군 면제나 휴학 사유 등을 설명할 준비를 다른 사람들보다 더 철저히 해야 한다. 젠틀한 사람만으로 면접위원이 구성되진 않는다. 다혈질 면접위원도 있거니와 자기 조직에서 유사한 사람을 경험해본 위원은 더욱 집요하게 그 인성을 확인하고 싶어 한다. 따라서 외동인 지원자는 우선 자신의 중심을 잡아야 하고 다른 사람들과 원만하게 잘 어울려 지낼 수 있다는 사회성과 친화력, 스트레스를 이겨내는 능력과 인내력, 의지력에 대한 사례를 확실히 준비하는 게 합격가능성을 높혀 준다. '다른 사람에게는 대강 질문하던데 나한테만 유독 많은 질문을 퍼붓더라'라고 생각되면 대개 이런 경우에 해당한다고 봐야 한다.

24_ 여성은 실행력을 보여줘라

여성이 남성에 비해 대부분의 능력은 우수하지만 약한 것이 세 가지가 있다고 많은 사람들이 말한다. 물리력과 공간지각능력, 상상력이 그것이다. 실행력은 이 세 가지가 어울려져야 높아진다. 패션, 화장품 등 일부 업종을 제외하고 비즈니스 현장은 대부분 남성 위주의 사회라서 여성이 전면에 나서는 것에 대한 부담이 있다.

여성 채용을 부담스러워하는 또 한 가지 이유는 업무몰입도다. 여성은 사회 전반에 대한 관심이 남성과는 다르다. 관심사가 자신에게 몰려 있기 때문에 다른 삼라만상에 대해서는 당연히 집중도가 떨어진다. 이는 과학적으로 입증된 사실이다. 예전에 필자의 인사부장 시절 '휴일날 회사에 화재가 발생하여 비상소집을 하면 즉시 출근하겠는가'란 질문을 갖고 설문 조사한 적이 있었는데 남녀 간에 분명한 차이가 나타났었다. 이건 어쩔 수 없는 현실이다. 그렇지 않은 사람도 많이 있겠지만 일반적인 여성의 특성인 것이다.

아울러 여성은 결혼 후 출산과 육아라는 인류 번영과 공존을 위한 미션을 가지고 있다. 좋은 자원이라고 교육시키고 키워놓으면 출산이나 육아를 이유로 장기간 휴직하거나 사직하는 경우가 남자에 비하여 월등히 많이 발생할 수밖에 없다. 이런 여성 고유의 특성이 기업을 운영하는 측에서는 장애가 될 수밖에 없다. 이런 점들에 대한 면접위원의 우려를 불식할 수 있도록 용모나 말하는 태도, 말투를 염두에 두고 면접장에 가야 한다. 여성에 대한 인식이 많이 바뀌었기 때문에 기업들이 여성 채용을 확대하고 있는 것은 사실이나 상대적으로 걱정을 적게 끼치는 사람을 뽑고 싶어 하는 것도 사실이다. 특히 외부 비즈니스를 담당할 경우 지방 출장이나 해외 출장도 가야 하는데 혼자 보내도 되는가, 남녀를 같이 보냈을 때 문제는 없을까를 면접위원은 고민한다.

따라서 취업을 위한 면접에서 과도한 여성스러움은 금물이다. 면접을 하는 자리는 조직에 들어와서 일을 잘할지 여부를 판단하는 자리이지 선을 보는 자리는 아니기 때문에 조신하게 정숙한 모습으로 일관해서는 곤란하다. 여자로서는 좋은데 일은 잘하기 어렵겠다고 판단할 수 있다. 특히 영업이나 외부 고객을 관리, 상대하는 직무군의 경우에 여성스러움은 도움이 되는 덕목이 아니기 때문에 더욱 그렇다. 그래서 복장도 치마보다는 바지를 더 추천하는 것이다. 대개 이런 항목은 질문으로 짚어보는 경우가 많은데 주저 없이 출장과 지방 근무도 가능하다고 잘라서 말해야 한다. 주저하거나 답변을 망설이는 모습을 보이면 합격은 어려워진다.

●●● 여성이 남성보다 면접에 유리한 3가지 이유

말한 대로 남성보다 여성이 취업에 불리한 점이 몇 가지 있으나 전반적으로 본다면 여성이 남성보다 면접에 유리한 면도 있다.

첫째로 남자들보다 학업에 더 몰입하기 때문에 상대적으로 학점이 좋다. 남자는 친구 만나고 당구 치고 술 마시는 데 열중하고 게다가 군대 입대라는 단절적 요소를 지닌 탓에 여성보다 학점이 높지 않다. 최근 각 대학의 수석졸업자를 보면 여자가 더 많다는 점이 이를 입증해준다. 그런 여성이 면접에 들어오면, 대개 남자들로 구성된 면접위원이 박한 점수를 주기 힘들다. 여자에게 약한 것이 남자라 어쩔 수 없다. 더구나 미모를 갖추고 상냥하게 답변한다면 더더욱 그렇다. 그래서 면접에 들어가기 전에 면접위원에게 여성 면접에 대한 보안 교육(?)을 따로 시키는 경우도 있다. 아니면 여성들만 따로 면접을 보아 상대적인 비교를 하기도 한다. 필자의 경험으로는 남녀가 같이 면접장에 들어가는 경우 평균적으로 여성의 면접 점수가 더 높았다.

두 번째, 발표력이나 판단력, 위기대응 능력이 남자들보다 우수하다. '면접관이 이 질문을 왜 나에게 물어보나?'를 순간적으로 판단할 수 있는 직관력이나 예기치 못한 질문에 대한 임기응변 능력이 남자들보다 뛰어나다. 그래서 비교적 면접위원이 원하는 답변을 할 가능성이 높다.

세 번째는 감성적인 능력이 남자보다 우수하기 때문에 면접위원의 감성에 호소하기도 한다. 여자의 언어구사 능력은 남자보다 훨씬 더 우수하다. 본심이든 아니든 발표나 답변을 그럴싸하게 하기 때문에 좋은 점수를 받을 가능성이 높다. 다만 영업직이나 대고객 업무에서는 여성이 남성보다 불리하다고 면접관들이 생각해 적합성과 업무가능성에 대한 질문을 많이 한다.

25_ 면접 종료 후 퇴장 때의 모습도 면접 성적에 반영된다

면접주관위원이 '이제 나가도 좋다'는 멘트를 하면 면접은 종료된다. 그러면 인사를 공손히 하고 들어올 때와 마찬가지로 질서 있게 나가면 된다. 이젠 끝났다고 모양을 흐트러트리거나 눈길을 아래위로 흐리거나 머리를 흔드는 모습은 바람직하지 않다. 면접장에서는 답변 내용보다 들어오는 자세와 나가는 태도가 더 중요하다는 점을 여러 번 강조했다. 지켜보지 않는 것 같아도 면접위원의 눈과 귀는 열려 있음을 늘 인식해야 한다. 잘못 답변했다 하더라도 씩씩하고 당당하게 걸어 나가야 하고 그 반대의 경우도 마찬가지다.

3 주요 질문 유형별 답변 요령

자기소개

 1분간 자신을 소개해보세요.

1분은 아주 짧은 시간이다. 주어진 시간 내에 자신을 어떻게 효과적으로 표현하느냐가 관건이다. 자신의 장점이나 성장 이력, 자격이나 학창 생활, 지원 동기 등을 설명해도 좋은데 요는 귀에 속속 들어오도록 발표해야 한다는 것이다. 그래서 강조하고 싶은 사항은 톤을 조금 올리거나 스타카토로 끊어서 면접위원의 귀를 자극해야 한다. 면접위원은 대부분 자기소개 시간을 지원자의 서류(입사지원서)를 훑어보는 시간으로 활용한다. 지원자의 발표를 들으며 서류

와 비교해보면서 질문할 사항을 체크한다. 따라서 너무 빨리 끝내는 것은 면접위원으로부터 질문을 생각할 시간을 뺏는 꼴이라 바람직하지 않다. 오히려 조금 길게 하는 것이 더 도움이 된다. 만약 기업 현장을 방문한 적이 있다면 반드시 자기소개를 할 때 언급해야 한다. 그래야 나중에 추가 질문으로 확인받는다. 그러면 일단 시작을 잘하고 있다고 볼 수 있다. 면접위원을 나에게 끌려 들어오게 하면 절반은 성공했다고 보면 된다.

가족 사항

가족 사항을 설명해보세요, 가족 자랑 한번 해보세요.
부모님을 존경하는 이유를 설명해보세요.

이 항목은 대체로 가정환경을 알아보기 위한 질문이다. 요즘은 가족 사항도 프라이버시이기 때문에 직접 질문하기보다 '가족 자랑' 해보라며 우회적으로 질문하는 것이다. 특히 외동아들·딸이거나 단출한 핵가족인 경우에 집중되는 질문이다. 부모님을 존경하는 사람으로 올려놓은 경우에도 자주 질문한다. 부모님이나 가족을 소개하는 것을 들으면 그 가정의 분위기를 대강 알 수 있다. 건강하고 화목한 가정에서 성장했는가는 향후 조직 생활에서도 긍정적인 영향을 미친다. 대체로 화목하고 따뜻한 기억이 많은 가정에서 자란 경우, 지원자의 표정이 밝고 적극적이며 반대의 경우에는 가족 소개에 힘이 없고 표정도 썩 밝지 않았던 것을 많이 보았다.

요즘은 부모가 이혼해서 편부, 편모 슬하에서 성장한 사람들이나 조부모 슬하에서 어린 시절을 보낸 사람들이 적지 않다. 이를 숨길 필요도 없다. 이러한 성장 환경의 차이에 따라 차별한다는 것이 아니다. 그러나 최근 통계에 따르면 소년원에 입소하는 젊은이들 가운데, 가정이 온전치 않은 경우가 정상적인 가정보다 훨씬 더 많은 것도 사실이다. 사람을 제대로 판단할 수 없을 때는 통계적 수치를 감안하게 된다. 따라서 직접적인 질문이 아닌 바에야 불행한 가정사를 먼저 드러내 이야기할 필요는 없다.

학업 성적

학교 성적이 나쁜데 특별한 이유가 있습니까?
학창 시절, 학업 외에 몰입한 일이 있습니까?

어느 정도의 위상을 가진 기업에 지원하여 서류전형을 통과했다면 학교 성적이 별 문제를 일으키지는 않겠지만, 그래도 상대적으로 현격히 성적이 나쁘면 면접위원이 그 사유를 궁금하게 생각한다. 그래서 성적이 나쁜 지원자는 미리 그 사유를 설명할 내용을 준비해 가는 것이 좋다. 학교 성적은 절대적인 합격 판정의 기준도 아

니고, 일단 서류전형을 통과했기 때문에 큰 문제는 아니나 질문을
할 수도 있으므로 대비를 해야 한다는 말이다. 특히 1, 2학년 때는
일반적으로 3, 4학년 때보다 성적이 나쁘다. 이러한 점은 면접위원
도 알고 있으므로 설명을 필요로 하지도 않고 질문도 안 하는 편이
지만 혹시 질문을 하면 답변을 조리 있게 잘해야 한다. 대체로는 다
음과 같은 답변이 점수를 깎아먹지 않는다.

> "1,2학년 때는 교우 관계를 넓히기 위해 많은 친구들을 만나
> 고 미래 세상에 대한 동경으로 여행하느라 학교에 덜 몰입했
> 습니다. 그러나 3, 4학년 때는 다시 본궤도로 돌아와 학업에
> 전념했습니다."

> "2학년 때는 늘 학비를 지원해주신 부모님의 은혜를 조금이
> 라도 갚아보기 위해 학비를 내 힘으로 조달하고 싶었습니다.
> 아르바이트를 6개월 이상 했는데, 그런 이유로 학업에 덜 몰
> 입했습니다."

이러한 답변들은 현재 항목의 질문에 대한 답변도 되지만 가정
상황을 판단하게 해주고 넓은 교우 관계 형성을 위해 노력했다는
것을 면접위원에게 긍정적으로 어필할 수 있다. 한 가지 질문과 답
변에도 다양한 면을 판단할 수 있으므로 지원자들은 이를 잘 판단
하여 답변해야 한다.

휴학 및 학업 단절

 휴학을 1년 이상 하셨는데 특별한 사유가 있었나요?

서류전형이나 면접에서 꼭 점검하는 것이 학업 기간에 단절이 없었는지, 있었으면 어떤 사유인지이다. 개인의 학창 생활을 알 수 없기 때문에 가능하면 정상적인 기간에 별 탈 없이 졸업한 사람을 원한다. 그렇지 않다면 설명이 가능한 적합한 사유를 준비해 가는 것이 좋다.

가정 분란이나 개인의 정신적인 방황 등의 부정적인 사유가 있었다면 속속들이 밝힐 필요는 없다. 이 질문에 답변할 때는 다른 문제를 커버하는 형태로 설명하는 것이 바람직하다. 고개를 끄덕이며 들었던 바람직한 휴학 사유가 있다.

"학비를 제 힘으로 벌어보기 위해 1년간 아르바이트를 했습니다. 그러다 보니 사회생활의 냉엄한 이치를 깨닫는데 많은 도움이 되었고, 그 기간 동안 이 회사의 창조적인 면에 끌려서 이 회사를 지원하였습니다."

한 6개월 전후는 여행이나 아르바이트를 휴학 배경으로 내세울 수도 있지만 1년 이상이 되면 납득할만한 사유를 설명해야 한다. 지나간 개인의 과거를 알 수는 없으므로, 사실 선의의 거짓말도 나쁘지 않다. 거짓말이라 추정되더라도 회사 측에서는 이것을 강력한 입사 의지로 판단하기도 한다.

고난 극복 사례

> 살아오면서 겪었던 어려운 일을 제시하고 어떻게 극복했는지를 설명해보세요.

대체로 최근 면접에서 자주 등장하는 질문이다. 이는 요즘 20대들의 성장 환경과 상관관계가 많다. '보릿고개'라는 말을 들어본 적이 없고, 경제적으로 덜 가난하게 성장했으며 한둘의 형제자매 사이에서 부모님의 사랑을 더 받고 자랐기 때문에 어려운 일에 봉착해서 자신이 주도적으로 풀어나간 경험이 있을지, 회사에 입사하면 어려운 일을 겪어야 할 일이 많은데 과연 헤쳐 나갈 수 있을지에 대한 궁금증을 풀려 하는 것이다.

지원자들은 면접위원의 우려를 사전에 인식하고 미리 준비해 가야 답변을 막힘없이 할 수 있을 것이다. 그러나 아무리 알고 있고 예상한 질문이라도 사전에 이미 알고 대비했다는 느낌을 주면 감점 요인이 될 수도 있다. 처음 들은 질문이지만 성심성의껏 자신의 과거를 회상하며 풀어내는 모양새가 진정성을 더해준다. 너무 성급하게 미리 준비한 듯이 이야기를 풀어내면 그 진정성을 의심받을 수 있다.

이 질문의 요지는 그런 경험이 있는가, 그런 경우 자신이 주도적으로 풀어냈는가를 듣고 싶어 하는 것이기 때문에 거기에 초점을 맞추어 설명하면 된다.

과외 활동

이 질문은 사회성과 주도성, 인간관계, 리더십, 갈등 해결 능력을 알아보기 위해 던지는 것이다. 대체로 입사지원서에 기술된 내용을 중심으로 물어본다. 이름이 약칭이나 영문 약어로 되어 있는 모임이나 동아리는 그 취지나 해석을 요구하는데 혹시 반사회적 · 반기업적 활동을 한 것은 아닌지 확인하고 싶어서 그런 것이다.

학업 말고도 다양한 활동을 통해 다른 분야의 친구들과 어울리고 사회와 얼마나 소통하며 살아왔는지를 설명하면 된다. 가능하면 스포츠와 관련된 활동과 더불어 봉사 · 사회 활동을 같이 설명할 수 있으면 최상이다. 스포츠는 건강과 적극성, 열정과 몰입을 전제로 하기 때문에 이 장점을 입증해줄 수 있는 간접적인 근거가 된다. 특히 주장이나 리더로서 전체를 아우르며 갈등을 풀어간 경험이 있다면 더더욱 면접관의 고개를 끄덕이게 할 수 있다. 대개는 이러한 스포츠 활동을 했거나 팀, 조직에 몸담았다고 설명하면 추가 질문이 들어온다. 그런 활동에서 발생했던 갈등이나 부정적 상황을 어떻게 극복했으며 지원자의 역할은 무엇이었는지를 묻는다.

군필 여부

 군 면제인데 사유를 설명해보세요.

대체로 입사지원서에 군 면제로 기록돼 있는데 그 사유가 확실하지 않으면 서류전형 담당자가 면접관들에게 꼭 확인하도록 입사지원서에 체크해둔다. 정직성과 건강, 정신 상태를 확인해볼 수 있는 항목이라고 생각하기 때문이다. 4대 독자나 부선망 독자를 제외하고는 생계 곤란, 수감 경력, 신체 부실 혹은 질병이 그 대부분의 면제 사유이기 때문이다. 생계 곤란으로 분류되어 군을 면제받은 것은 개인에게 안타까운 일이지만 면접관들은 대체로 긍정적으로 보지 않는다. 가정이 원만하고 어느 정도 경제가 안정된 사람을 최우선으로 찾고 있기 때문이다.

건강 이상이면 더 꼬치꼬치 캐묻는다. 저체중이나 과체중, 혈압, 통풍, 인대 문제, 디스크, 시력 등이 대부분의 면제 사유를 점하고 있는데, 사실이라면 기본의무도 이행 못할 부적합한 자원이라고 국가에서 판정했다는 이야기고 그렇지 않다고 하면 의도적인 면제자라 병역 기피자에 해당되기 때문이다. 필자가 들었던 가장 흔한 면제사유는 '과체중'이었다. '당시 100킬로그램이 넘어서 면제받았으나 지금은 정상이다.' 이건 누가 보더라도 병역 기피를 의심할 수밖에 없다. 본인이나 그 가정이 가진 도덕성의 문제다. 특히 군에서 고생하고 제대한 분이 면접위원으로 들어온다면 더 칼날 같은 질문을 받게 될 것이다.

군 경력이 국민의 4대 기본의무에 속할 뿐만 아니라 군 생활은 투지와 근성을 만들어주며, 고된 훈련과 내무 생활을 통해 전우애와 팀워크 형성 능력을 길러준다고 믿는다. 따라서 이 질문에 답할 때는 가능한 한 준비를 철저히 해 병역 기피라는 인상을 심어주지 않도록 해야 한다.

인간관계

입사 축하 파티에 세 명을 초청할 수 있다면, 누구를, 왜 하겠습니까?

최근 많아진 질문 유형이다. 이 질문에는 정답도 없고 사전에 준비하기도 쉽지 않다. 이런 질문을 받으면 조금은 생각해서 답변해야 한다. 중요하게 생각하는 사람이 답변에 등장하기 마련이기 때문에 지원자의 가치관과 심성을 들여다볼 수 있는 기회라고 면접위원은 생각한다. 대체로 부모님과 교수님, 여자 친구 등이 일반적인 답변이다. 자신을 키워주고 가르쳐준 은혜를 갚고, 미래에 열심히 살아가겠다는 의지를 보이기 위함이라고 그 이유를 말하는 것이 정상적이다.

입사 당위성

자신이 이 회사에 어떻게 도움이 되는지 설명해보세요.
왜 당신을 꼭 입사시켜야 하는지를 설명해보세요.

이 질문도 자주 나오는 데 사전에 많은 연구를 해서 면접장에 가야 할 질문이다. 조직과 일에 대하여 자신이 어떻게 준비했고 대비가 되어 있는지를 설명해야 하는데 방문 경험이나 홈페이지에서 파악한 자료를 토대로 자신과의 궁합을 구체적, 논리적으로 설명해야 한다. 정답은 없지만 기발하거나 창의성을 발휘한 답변이라면 더 좋은 느낌을 준다. 이 질문이야말로 '우리 회사를 얼마나 알고 있고 얼마나 사랑하는지, 앞으로 입사하면 어떻게 할 것인지'를 물어보는 것이다. 이 질문에는 특히 결연하게, 자신 있게, 열정적으로 답변해야 한다. 다른 질문에서 감점을 받았더라도 이 질문에 대한 열정적인 답변 한 방으로 불합격이 합격으로 바뀔 수 있다.

기업의 역할

 기업의 사회적 역할이 무엇인지를 설명해보세요.

앞에서 몇 번 언급했지만 이 질문은 개인에게 물어보는 경우보다 전원에게 공통 질문으로 물어보는 경우가 많다. 만약 개인에게만 물어보았다면 자기소개서나 다른 자료에 반기업적인 정서가 발견된 자원으로 분류되었기 때문이다. 이런 경우라면 답변의 자세나 내용에 대해 면접관들이 세밀한 판단력을 동원하게 된다.

대체로 기업에 대한 건전한 시각을 가지고 있는지, 자신이 들어와서 해야 할 역할과 미션을 잘 인식하고 있는지를 파악하기 위함이고 학창 시절에 머릿속에 들어갔을지도 모르는 반기업적인 마인드나 불신감을 체크해보기 위함이다.

회사에 대한 관심

 평소 우리 회사에 대해 알거나 생각나는 사항이 있으면 설명해보세요.

앞의 질문과 유사한 질문이지만 이런 식으로 묻는 경우도 있다. 그 회사에 대한 지식과 애정, 관심도를 알아보려는 질문이고 입사

의지가 얼마나 강한지를 판단할 수 있는 답변을 기다린다.

회사를 방문해서 느낀 소감과 회사의 제품을 구매하여 사용한 소감, 회사 역사에 대해, 앞으로의 발전 전망, 또한 그 회사의 홍보, 광고 카피 등을 사례로 들어 긍정적으로 설명하면 무난하다. 혹시 다른 질문을 받았을 때 답변이 부실했다면 이 질문 항목에서 애정과 열정, 그리고 해박한 지식과 관심을 보여주는 것이 합격의 지름길이고, 혹여 이전에 답변을 잘못한 전과가 있더라도 커버가 가능하다.

이 질문에 대한 답변을 할 때 꼭 유의할 것은 확실히 그 회사의 정보인지 확인하고 답변해야 한다는 것이다. 애매한 경우는 오히려 답변하지 않음만 못하다. 다른 회사의 정보를 가지고 이 회사의 내용으로 잘못 설명하면 면접위원의 마음을 상하게 하는 꼴이라 합격은 어려워진다.

업무 지원 목적

 영업직·판매직을 지망하셨는데 그 이유를 설명해보세요.

관리사무직이나 업무직은 회사 사무실에서 근무하는 경우가 많고 영업직은 외부에서 고객과 만나는 경우가 많고 성과를 창출해야 하는 직무다. 그래서 적극적이고 활동적이며 근성과 의지가 있는

사람을 뽑고 싶은 것이 면접위원의 바람이다. 그러나 많은 경우, 지원자들은 자발적으로 영업직을 원하지 않는다. 영업에 대한 두려움이 있고, 많은 고객이나 판매사원을 관리할 자신이 없기 때문이다. 따라서 영업직이나 판매직을 지원한 사람은 합격만을 목적으로 하는 경우가 많다. 관리사무직에 비해 선호도가 낮아 상대적으로 경쟁률이 높지 않기 때문이다.

대학 입시 때도 마찬가지 현상이 나타나는데, 그 학교는 꼭 가고 싶은데 성적이 따라주지 않으면 원하지 않는 엉뚱한 학과를 지원한다. 그런 학생은 휴학을 하거나 편입을 꿈꾼다. 마찬가지로 이렇게 입사한 사원은 조기에 다른 직무로 전환하기를 원하기도 하고 직무 적합성이 떨어져 이직하는 경우도 많기 때문에 면접위원은 진정한 지원 의지를 확인하고 싶어 한다. 따라서 이 질문은 지원자의 인성이나 적성이 영업직에 적합지 않아 보일 때 많이 물어본다. 특히 여성의 경우에는 더욱 집요하게 질문이 이어진다.

추가 질문

혹시 우리(회사)에 대해 알고 싶은 사항이 있으면 질문해 보세요.

이 문항도 이미 말했듯이 주저하지 말고 질문하는 것이 좋다. 다

만 너무 덤비거나 엉뚱한 질문이거나, 면접위원의 답변 범위를 넘
어서는 질문이나, 난처하게 만드는 질문은 오히려 역효과를 낸다.
면접위원의 자긍심을 높여주면서 분위기에 맞는 질문을 하면 금상
첨화다.

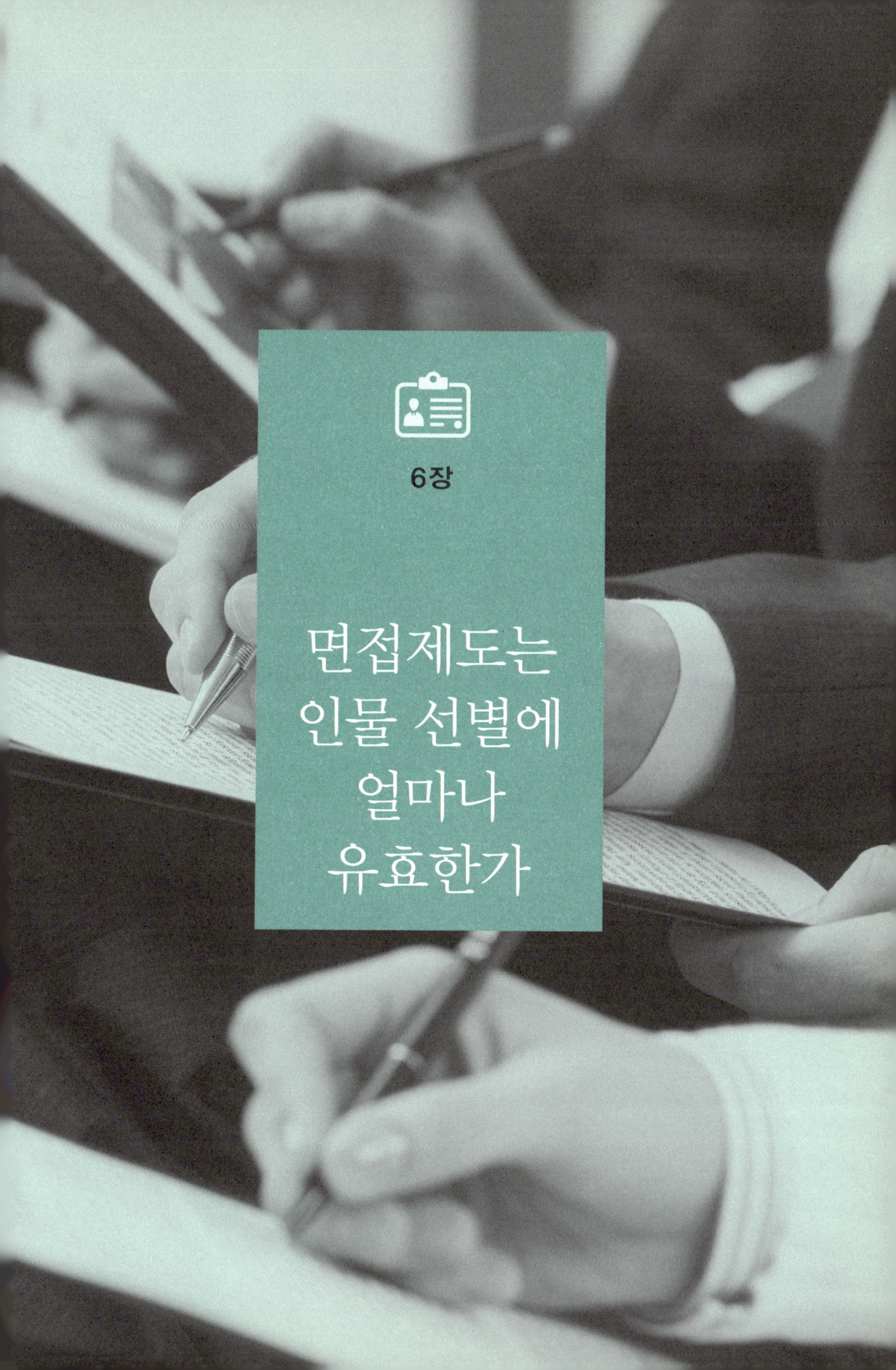

6장
면접제도는
인물 선별에
얼마나
유효한가

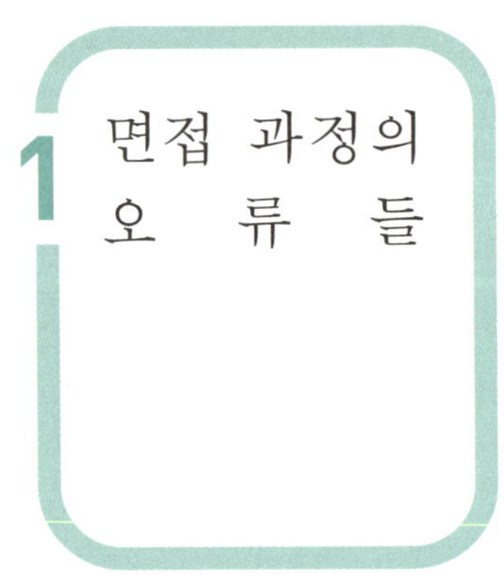

면접 과정의 오류들

남성 위원이 여성을 면접할 때는 용모에 현혹될 수 있다

여자에 약한 것이 남자다. 면접위원 대부분이 남자로 구성되기 때문에 이러한 오류도 어쩔 수 없이 발생한다. 다만 면접위원 중에 아주 모진(?) 사람이 있으면 이러한 오류가 발생하지 않을 때도 있지만 대체로는 여성 지원자에게 나쁜 점수 주기를 주저한다. 예쁘고 말도 잘하고 용모도 수려하니까 나쁜 점수를 주기가 망설여지는 것이다. 여성들은 오히려 이런 점을 잘 활용해야 하겠지만 여성스럽게만 보이면 감점 요인이 될 수 있음을 항상 염두에 두어야 한다.

예전에 인사담당으로 근무하면서 여성면접에 들어가는 남성 면접위원에게 '절대로 미모에 현혹되지 말라' 는 주의를 준 적이 있었는데 그래도 결과는 여성 지원자의 면접 점수가 상대적으로 높았다. 예상한 결과이기도 했으므로 그 다음부터는 여성지원자만 모아서 따로 면접을 진행했다.

한 번은 업무 성격상 용모가 중요하지 않은 콜센터 근무 직원들을 뽑으면서 소위 '블라인드' 면접을 했다. 커튼 뒤에 지원자들을 앉혀놓고 목소리만으로 답변을 듣고 판단하는 면접을 치렀는데 나중에 뽑고 나니 역시 용모가 우수한 사람들이 많이 선발된 경험을 갖고 있다. 얼굴은 보이지 않았지만 목소리로 용모를 추정하여 판단한 결과가 아닐까 생각한다.

대체로는 그런 성향을 본능적으로 가지고 있는 것이 남성 면접관의 특성이지만 그래도 이성적으로 업무 적합성을 냉정하게 검증하는 면접위원도 많아지고 있고, 여성 면접에는 여성 면접관을 활용하는 경우도 늘고 있어 여성 지원자가 이러한 경향에만 의존해서는 좋은 결과가 나올 수 없다.

일단은 용모가 수려하면 나쁜 점수는 잘 받지 않는다. 그런 지원자가 열정적으로 씩씩하게 답변에 임한다면 합격은 더 가까워진다. 한편, 업무 수행에 부적합해 보이는 지나친 화장이나 화려한 복장은 가점 요인이 될 수 없다.

면접위원의 성격에 따른 오류

　면접위원은 대체로 자신감과 친화력 그리고 열정이 있는 분들로 선임되므로 다소 외향적인 성향을 띤다. 이러한 외향적인 성향을 가진 분들은 소극적이거나 다소곳하거나 조용한 사람에게는 부정적인 판단을 내리기 쉽다. 자신과 반대되는 내성적인 성향의 사람을 '내숭' 떤다고 생각하는 것이다. 따라서 외양이 얌전해 보이는 사람은 의도적으로 씩씩하게 답변할 필요가 있다.

　요령은 눈빛과 목소리의 톤이다. 째려보거나 쏘아보는 눈빛까지는 곤란하지만 눈에 힘을 주고 자신감이 있어 보이도록 연출할 필요가 있다. 아울러 내성적인 성향의 사람은 목소리도 작게 마련인데 좀 더 목소리에 힘을 주고 씩씩한 톤으로 끊어서 답변하면 단점을 커버할 수 있다. 목소리가 가늘거나 우물거리면 전달력도 약하고 그 내용이 알아듣기 어려워 면접위원은 짜증을 내게 된다. 이런 경우, 한두 번의 질문만 하고 불합격으로 판정하기도 한다.

　반대로 소수이긴 하지만 전문적인 심사 업무 분야나 관리직에서 면접위원이 선발된 경우는 내성적이거나 조용한 성품을 가진 분도 있다. 침착하고 입이 무거워야 하며, 세심, 정직, 정확한 업무 능력이 요구되는 직무의 특성상 내성적인 성향을 많이 띤다. 이런 분은 오히려 외향적이거나 사교적인 성품을 싫어한다. 말만 번드레한 게 아닌가 하는 의심을 품고 '사기성'이 있는 것은 아닌지도 의구심을 가지고 있다.

따라서 지원 직무에 따라서 활동성과 외향성이 요구되는 직무인지 그 반대인지를 잘 판단하고, 들어오는 면접관들도 훑어보아서 분위기에 적합한 면접 태도를 눈치껏 보여야 합격률을 높일 수 있다. 열정과 근성, 활력과 충성심 등은 모든 직무에 대한 공통적인 요구 인성이지만, 직무 특성에 따라서는 내성적인 성향을 좀 더 보여야 유리한 경우도 있는 것이다.

또 다른 측면으로는, 성격이 냉정하고 차가운 면접위원이 있고 온유하고 따뜻한 성향의 위원도 있다. 냉정한 면접위원은 평균적으로 면접 점수가 박하게 나오고 반대의 경우는 매우 후하게 나온다. 면접 점수가 전체적으로 후하게 나오는 경향을 '관대화' 경향이라고 한다. 면접위원 사전 교육 때, 이러한 경향을 줄이려고 냉정하게 평가하라고 주문하기도 한다. 너무 냉정하게 평가해서 나쁜 점수만 몰려 있으면 뽑을 자원이 없고, 너무 관대하게 평가하면 선별이 어렵기 때문에 회사에서는 두 가지 경향을 다 피하려고 한다.

이것은 지원자들의 운이다. 잘못 걸리면 면접을 잘해도 높지 않은 점수를 받고 그 반대의 경우도 상존하기 때문에 운으로 돌릴 수밖에 없다. 감정을 가진 인간이 하는 일이라 어쩔 수 없는 영역이다.

면접위원의 상황에 따른 오류

면접위원도 사람인 이상 살아가면서 여러 가지 상황을 마주하게

스트레스가 쌓여 있는 면접관을 만난 게 당신 탓은 아니다. 의연하게 대처하라.

된다. 예를 들면 면접 전날 집에서 대판 부부싸움을 할 수도 있고, 저녁 늦게 고객 접대를 하느라 면접 때까지 숙취가 안 풀렸을 수도 있다. 또한 단기간에 풀기 어려운 업무 난제로 인해 계속 스트레스에 싸여 있는 경우도 있을 수 있다. 회사에서 이런 상황을 미리 안다면 면접위원에서 제외하겠지만 모른다면 정상적인 심리상태가 아닌 면접위원이 면접장에 들어오게 되는 것이다.

가족 간의 갈등이 있었거나 부부싸움을 크게 하고 왔다면 심리적으로 불안정한 상태에 있을 것이다. 그래서 면접위원의 질문도 그런 상황이 반영된 성향을 띤다. 부정적으로 찔러보는 질문을 하거나 압박 면접 유형을 띨 수 있다.

골프장에 갔을 때 그린에 깃발이 어려운 곳에 꽂혀 있다면 이런 농담을 한다. '어제 깃발 꽂는 사람이 크게 부부싸움을 한 모양이네.' 자신의 스트레스를 전가하려고 이렇게 어렵게 꽂아 놓았다는 뜻이다. 면접도 마찬가지다. 안타깝지만 재수 없이 이런 상태인 면접위원을 만나면 여간해서 좋은 점수를 얻기 어렵다.

두 번째로 자주 닥치는 유형이 전날의 숙취로 인해 정신이 맑지 않은 면접위원을 만나는 경우다. 대체로 이런 면접위원은 면접 자체를 힘들어한다. 그래서 성의 없는 질문을 하거나 면접점수가 중간으로 몰리는 '중심화' 경향을 띠게 된다. 분명한 판단을 하는 게 귀찮기 때문에 뚜렷한 분별을 하지 않고 보통 수준에서 점수 차이를 크게 두지 않는 것이다. 회사 입장에서는 전날 일찍 귀가해 맑은 정신으로 면접장에 오도록 종용하지만 그렇게 잘 지켜지지 않는 게 직장 생활의 현실이다. 다만 이런 면접위원은 자신이 정상적인 상태가 아님을 감안하여 아주 나쁜 점수는 주지 않는 것이 다행이라면 다행이다.

세 번째는 면접위원이 머리를 아프게 하는 스트레스나 갈등 요인을 안고 면접장에 들어오는 경우다. 대체로 이런 상태면 충분한 수면을 못 취하고 면접장에 나타나는 경우가 많아 판단력이 흐려져 있거나 판단 자체를 부담으로 생각한다. 따라서 엉뚱한 질문을 하기도 하고 아주 날카롭거나 비난조의 질문도 섞어 한다. 자신에게 닥친 스트레스 탓에 면접에 대한 관심이 적거나 왜곡된 상태로 임하다 보니 진정성이 떨어진다. 질문도 무성의하게 한두 가지만 하고 면접 점수도 들쭉날쭉하거나 나쁘게 한다. 만약 이런 낌새를 느꼈다면 더욱 공손하게 답변하고 면접위원의 심기를 자극하는 언행을 삼가야 그나마 나쁜 점수를 받을 가능성이 줄어든다. 이런 면접위원을 만나는 것도 운이다. 그런 면접위원이 면접장에 들어오는 회사에 취업하지 않는 것도 어쩌면 자신의 인생항로를 긍정적으로 바꾸는 것이라 생각하라.

피면접자의 출신에 따라 발생하는 오류

단위 면접은 1인당 평균 15분을 넘지 않는다. 그리고 면접이란 지원자가 작성한 서류와 태도, 용모, 행동 그리고 말로써 사람을 판단하는 제도다. 따라서 적지 않은 구조상의 오류를 내재한다. 일을 묵묵히 잘하는 사람이지만 말이 어눌한 사람도 있다. 반대로 말은 달변이나 업무 능력은 수준 이하인 사람도 있다. 단지 15분의 만남으로 사람을 종합적으로 판단하려는 시도 자체가 무리인 것이다. 이것은 면접 제도가 가진 어쩔 수 없는 한계다. 이런 이유로 면접을 통해 업무에 우수한 능력을 발휘할 사람을 찾는 것은 매우 어려운 일이다. 그래서 회사에서는 다수의 면접위원을 참여시켜 이러한 판단의 오류를 최소화하려 하고 여러 단계의 면접 과정을 통해 조정하는 노력을 기울인다.

면접 구조상 발생하는 오류 중에서 가장 큰 게 용모로 판단하려는 경향이다. 이는 인간으로서 어쩔 수 없는 사정이긴 한데 특히 지방 출신이 홀대받는 이유 중 하나이기도 하다. 서울 출신들은 얼굴색이 밝은 편이고 희다. 지방 출신은 상대적으로 바람과 햇살을 많이 받아 피부가 거칠거나 얼굴이 검게 그을린 경우가 많다. 이러한 용모나 느낌의 차이가 면접 점수에 투영되는 경우가 없잖아 있다. 면접위원 교육을 하며 이러한 오류에 대해 사전에 주의를 주지만 결과를 보면 여전히 오류가 나타난다. 따라서 얼굴색이 검은 경우는 선크림을 자주 사용하거나 BB크림 등으로 얼굴 색상을 밝게 만들 필요가 있다.

또 다른 오류 가능성은 말투와 사투리다. 지방에서 면접하는 경우에는 덜하지만 우리나라는 기업들의 본사가 주로 서울에 집중되어 있어, 서울에서 면접을 하는 경우 지방 출신들이 불리한 것이 사실이다. 본사에 근무하며 서울 말씨에 익숙한 면접위원에게는 억세거나 사투리가 섞인 말투가 왠지 낯설다. 정작 면접위원 본인도 지방 출신이 대부분인데 자기도 모르게 서울 말씨에 익숙해진 것이다. 지나친 사투리는 면접에 불리함을 지원자들은 유의하기 바란다. 사투리를 덜 쓰는 방법은 말을 천천히 끊어서 하는 것이다. 물론 완전히 말씨를 지울 수는 없지만 또박또박 이야기하는 게 알아듣기도 쉽다.

이러한 불리한 점에도 불구하고 지방 출신들이 종합적으로 살펴보면 면접에서 결코 불리하지 않다. 왜냐하면 달변이고 매끄러운 서울 출신보다는 순수하고 때가 덜 묻은 지방 지원자들의 열정적인 모습에 더 공감하기 때문이다. 필자가 인사부서에서 근무할 당시 출신 지역별 통계를 내본 적이 있었다. 서울과 경인 지역이 우리나라 인구의 절반을 차지하고 있는 것을 감안하면 지방 출신 합격자 비율이 상대적으로 훨씬 더 높았다. 이는 서울 출신들이 일반 기업보다는 전문직이나 벤처기업을 선호한 결과이기도 하고, 면접위원의 눈에 서울 출신보다 지방 출신이 의지, 근성, 충성심이 더 높을 것으로 보였기 때문이기도 하다.

피면접자의 진실성에 관련한 판단 오류 가능성

가장 큰 판단 오류를 범할 수 있는 분야는 지원자들의 답변이나 자기소개서 내용의 정직성·진실성 유무이다. 통상 기업이 원하는 인재상은 이곳저곳에 명시되어 있고 원하는 인성도 사전에 어느 정도는 알 수 있기 때문에, 지원자는 실제 생각과 다르더라도 합격을 위해 회사나 면접위원이 바라는 정답에 가까운 답변을 하기 마련이다. 자신은 내성적인 성향을 갖고 있지만 활발한 성격처럼 발표나 답변을 하기도 하고, 속으로 A라고 생각하지만 회사가 B를 원할 것 같아서 자신의 생각과 반대인 B로 답변하기도 한다. 이러한 지원자들의 속성은 면접위원도 익히 알고 있으므로 다양한 방법과 질문을 통해 진실에 접근하려고 노력한다.

필자도 30년 전 입사 시험을 볼 때 적성검사를 한 적이 있었는데

전 직무에 적성이 있는 것으로 잘못 나타났다. 이는 정답만 가려서 표기를 했기 때문에 잘못된 결과가 나온 것이었다. 이렇듯 모든 검사나 인터뷰에서 진실만을 말할 것이라고는 믿지 않는다. 설문조사 방식은 자체적으로 검증 시스템을 갖추기도 하지만, 면접은 그렇게 객관화하기 어려운 면이 있으므로 면접위원의 판단 능력에 의존한다. 다만 이렇게 자신의 실제 모습과 다르게 답변하고 기술한 경우 나중에 비적합성이 나타나서 결국은 자기 인생을 엉뚱한 쪽으로 가게 만들고 적성에 맞지 않는 직장 생활을 해야 하므로 본인이 피곤해진다.

선의의 거짓말이 필요할 경우도 있지만 자신의 본래 모습과 특성을 정직하게 드러내야만 회사의 오류나 본인 업무의 부조화를 피할 수 있다.

면접 시간에 따른 판단력 편차 오류

면접 시간을 선택할 수 있다면 언제가 더 유리할까? 오후가 유리하다는 것이 정설이다. 왜냐하면 오전에는, 특히 면접 시작 시점에는 면접위원의 심리 상태가 매우 이성적이고 침착하다. 새롭게 시작하는 시점이라 판단력도 매우 정확하다. 그러나 점심을 먹고 난 직후는 판단력이 많이 흐려진다. 위 속에 들어온 음식을 소화시키려고 두뇌를 명석하게 운용하는 데 사용해야 할 혈액의 상당량이

소화기관으로 이동하기 때문이다. 약간 멍한 상태가 식후 30분부터 한 시간가량 지속되며 그런 이유로 졸립다. 따라서 오후 지원자들은 좀 더 쉬운 환경, 열린 마음 상태에서 면접을 받게 된다.

실제로 면접 시간도 줄어든다. 면접위원은 오전에 면접을 보면서 판단 기준이나 질문 요령도 숙련되었고 각자의 역할 분담도 명확히 되었기에 핵심적인 질문만 던지고 판단한다. 필자의 경험상 오후 면접에서 관대화 경향이 더 나타난다. 면접시간이 길어져서 좋은 평가를 받는 경우는 드물다. 판단이 애매하면 질문이 많아지기 때문이다.

한편 사전에 우수자나 부진자의 표준비율을 회사가 면접위원에게 제시하는 경우가 많다. 따라서 면접위원은 지원자들 중에서 대

면접 시간을 선택할 수 있다면 오후 시간이 유리하다.

강 몇 %를 합격시켜야 할지를 결정하고 면접에 임하게 된다. 이런 기준 때문에 오전 오후, 시작 시점과 종료시점에는 굉장히 예민하고 엄격하게 판단한다. 예를 들면 면접이 중반 이후로 넘어가는데 합격시킬 만한 자원이 이미 많다고 판단되면 종료 시점에 가까울수록 박한 평가가 나온다. 그 반대인 경우도 있기 때문에 속단하기는 어려우나 대체로는 시작 시점과 종료 시점의 면접은 피하는 것이 엉뚱한 면접 점수를 안 받는 상책이다.

면접 오류를 최소화하기 위한 회사의 장치들

다수의 면접위원으로 면접단 구성

직무적합성 면접을 위주로 하는 미국 기업은 그 직무의 책임자나 관리자 1인이 면접을 장시간 진행하는 경우가 많다. 반면 우리나라는 다양한 직무군에서 많은 지원자들을 모아 일괄적으로 진행하는 공동 채용, 집합 면접이 주류를 이루기 때문에 장시간 한 사람을 대상으로 진행하기가 현실적으로 어렵다. 그래서 최소한 3명 이상을 면접위원단으로 구성하여 판단의 오류를 줄이려는 노력을 기울인다. 필자가 몸담았던 회사의 경우는 4~5인이 3명의 지원자를 면접하는 방식을 채택했다. 따라서 한두 사람의 면접위원이 범할 수 있는 개인적인 오류 가능성을 희석시킬 수 있었다. 그런 방식이 채용 부정도 예방하고 합리적이고 평균적인 시각으로 사람을 판단하게 하는 것이다.

압박 면접 방식과 질문 방식의 다양화

지원자들의 정직성을 믿고 곧이곧대로 판단, 평가할 수는 없기 때문에 서류나 발언의 정직성에 의심이 가는 지원자에게는 단속적으로 유사한 질문을 계속 던지거나 생각할 틈을 주지 않기 위해 압박 면접 방식으로 지원자를 몰아간다. 그렇게 해도 지원자들의 속내와 객관적인 상황을 정확하게 알기는 어렵다. 따라서 입사 후에도 승급, 승격심사, 상벌제도 등으로 개인의 정직성과 적합성을 지속적으로 검증하여 인사에 반영한다. 과거 UK검사라는 인성 검사를 사용해 정직성을 검증했는데 대체로 이러한 검사 방식을 통해 파악된 개개인의 정직성을 면접 시에 반영하여 판단했다.

다단계로 면접 과정을 구성

면접은 1인당 15분 내외 정도를 소요한다. 짧은 면접 시간 탓에 정확한 판단이 어려우므로 오류를 줄이려고 다단계 면접 방식을 운용한다. 일반적으로 기업이 운용하는 다단계 면접은 크게 보면 두 가지다. 직무 면접(전문성 판단)과 인성 면접이 그것이다. 그러나 기업에 따라서는 두 가지를 섞어서 3~4가지로 운용하는 경우도 많다. 몇 가지 주제를 주고 5~8명을 한 팀으로 하여 '집단 토론' 하는 방식과 몇 개의 주제 중에 본인이 선택하여 발표하게 만드는 '프리젠테이션' 면접이 그것이다. 영어나 어학 실력을 테스트하기 위해 외국어로 토론을 진행하는 면접 방식도 있다. '서류전형'까지 포함한다면 최소한 3~4단계를 거쳐 합격자를 선발하는 것이다. 이러한 다단계 면접 방식은 한 과정에서 혹시 있을지 모르는 판단의 오류를 줄여가기 위한 전략인 셈이다. 그렇다고 해도 인성 면접의 범주에서 벗어나기 어렵다. 필자의 경험상 직무 면접과 인성 면접의 결과가 상이한 경우보다는 정의 상관관계를 나타내는 경우가 훨씬 더 많았다.

| 채용 전형의 일반적 절차 |

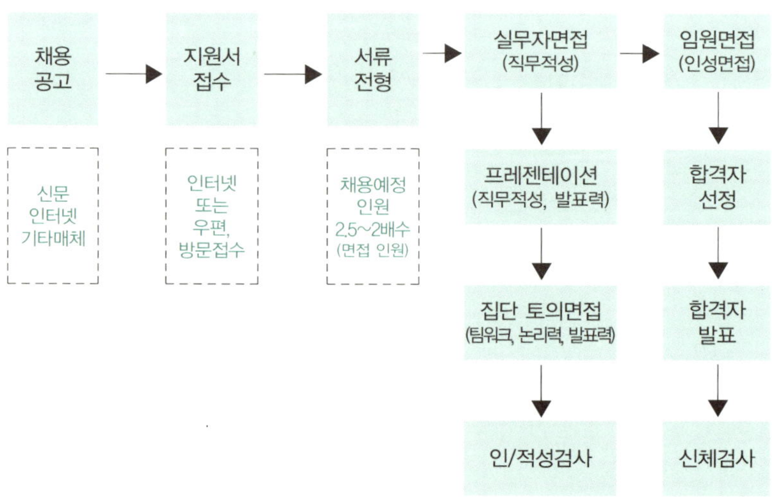

| 프레젠테이션 면접 |

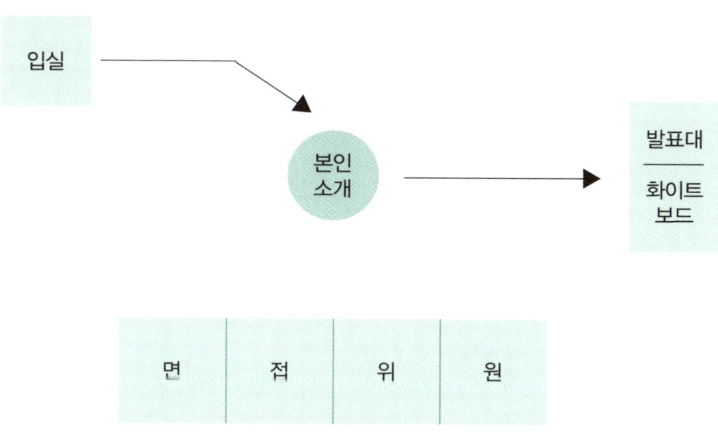
입실
본인
소개
발표대
화이트
보드
면
접
위
원

| 집단토론 |

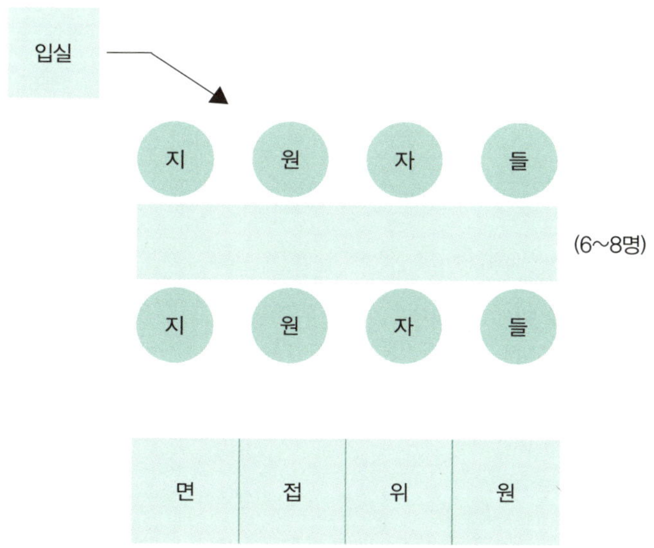
입실
지
원
자
들
(6~8명)
지
원
자
들
면
접
위
원

최고점 · 최하점을 합산에서 제외하는 방식

이는 중심화 경향과 관대화 경향, 채용 부정을 막으려는 기업의 노력이다. 어느 누가 채용 청탁을 받고 한 지원자에게만 높은 점수를 주었다면 이런 제도를 통해 걸러낼 수 있을 것이다. 4~5명의 면접위원 중에 특히 낮은 점수를 주거나 혼자서만 높은 점수를 준 경우, 그 최고점이나 최저점을 면접 점수 합산 시 제외한다. 다만 최소한 면접위원이 5명은 되어야 적용할 수 있는 방식이다.

최고 점수 · 최하 점수 평점 시 사유기재 방식

필자가 인사담당을 했을 때 적용한 방식이다. 이는 채용 부정을 막으려는 노력의 일환이었는데 최저점보다는 최고점을 주려는 면접위원을 압박하는 방식이다. 기업에 입사하려는 지원자의 입장에서는 좋은 점수를 받고 싶은 것이 인지상정이라 면접위원이 청탁을 받았을 가능성을 배제하지 못한다. 이런 경우 최고점에 대하여 사유를 기재하게 하면 채용 부정이 다소 줄어든다. 아울러 감정적으로 판단하여 입사지원자를 배제시키려고 최하점을 주는 경우도 있기 때문에 최하점을 줄 때도 사유를 기재하게 한다. 다만 이 경우에는 중심화 경향이 생길 수도 있으므로 사전에 공지하지 않고 진행요원들이 면접점수를 합산하여 평가할 때 적용한다.

인·적성검사와 병행하여 신뢰도 검증

서류전형과 면접만으로 채용하는 경우도 없잖아 있지만 체계적인 채용절차를 가진 대부분의 회사들은 인성·적성검사를 병행한다. 적성 직무군을 찾아주고 회사에서 채용하고자 하는 직능과의 적합성을 검증할뿐더러 지원자도 인성검사를 통해 본인의 진실한 인성을 알고 싶어 한다. 한두 가지 질문이 아니라 다양하고도 숨겨진 중복 질무을 통해 거짓말을 하면 신뢰도가 떨어지도록 설계된 조사 방법을 사용한다. 삼성에서는 과거 'UK검사'라는 방식을 통해 정직성, 열정, 인내력, 스트레스 내성, 정서적 안정성 등을 파악하는 노력을 했다. 현재는 그것이 너무 많이 알려지면서 지원자들이 준비를 해오는 바람에 사용하지 않는다. 하지만 아직 '직무적성검사'라는 방식을 통해 간접적으로라도 지원자의 정직성과 진실성, 도덕성을 체크해본다.

이런 검사 후에 면접장에 관련 자료를 입사지원서와 병행하여 준비해두기 때문에 면접관들은 인·적성검사 결과에 유의하면서 지원자의 인성을 세심하게 판단한다. 따라서 인성에 관련한 질문이 집요하게 이어진다면 이러한 검사에서 유의하라는 체크가 있었다고 봐야 한다. 필자가 판단하건대 궁극적으로는 자신의 인성에 대해서는 진실을 드러내는 것이 바람직하다. 자신을 정확하게 보여주는 것이 나중에 오랫동안 서로 사이좋게 살아갈 수 있는 유일한 묘책이다. 입사만을 위해 자신의 인성을 위장해서 답변하면 입사하더라도 결국 서로 맞지 않는 궁합 탓에 차후에 헤어지게 되거나 억지 직장 생활을 함으로써 조직이나 개인이나 바람직하지 않은 결과를 맞게 한다.

중국의 삼국시대, 조조의 인사참모 유소가 쓴 《인물지》에 인물 판단에서 발생하는 7가지 오류에 대한 내용이 있어 소개한다.

- 인물에 대한 평판을 편파적으로 받아들이면서 생기는 오류
- 사람을 판단할 때 좋아하고 싫어하는 성격으로 인해 생기는 오류
- 사람을 판단할 때 과거의 크고 작은 성과만으로 판단하여 생기는 오류
- 사람을 판단할 때 성취의 빠름과 늦음만으로 판단하여 생기는 오류
- 사람을 판단할 때 자신과 비슷하거나 다르거나에 대해 생기는 오류
- 뛰어난 인재를 이끌어주거나 억누르거나 하여 발생하는 오류
- 기발한 점을 평가할 때 극단적으로 우호적이거나 이상한 사람으로 폄하해 생기는 오류

– 《인물지》(유소 지음, 홍익출판사, 1999)

내용을 찬찬히 살펴보면 오늘날 면접위원이 가질 수 있는 오류나 200년 전이나 별반 차이 없이 대동소이하다.

개인적 특성과 근무 성적의 관계

면접성적은 입사 후 근무 성적과 정비례할까

면접이란 불완전한 사람(면접관)이 불완전한 도구(면접)로 불완전한 사람(지원자)을 판단하는 것이라 판단 오류도 많고 엉뚱한 결과도 자주 나온다. 필자가 5년간의 면접 자료를 모아 합격자들이 입사 후 어떤 근무 성적을 내는가를 대비해 분석해본 적이 있었다. 면접관이 정확히 지원자를 판단하여 입사시켰다면 면접 성적과 근무 성적은 정의 상관관계가 나타나야 당연한 것이다. 즉, 면접에서 가장 우수한 사람으로 분류되어 합격했다면 당연히 근무 성적도 최고는 아니더라도 우수 집단으로 분류되어야 마땅한 것이다. 이번 장에 기술하는 내용은 그러한 분석 결과를 보고 정리한 것들이다. 우선은 최근 입사한 사원들의 5년간의 근무 성적을 분석하여 근무 성적이 상위인 20%의 집단과 하위 20%의 집단을 대비 분석했다. 즉, 근무 성적을 잘 내고 있는 상위 20%가 가지고 있으나 하위 20%에는 없는 것을 찾았다. 또한 그들이 입사할 당시의 면접 성적과 개인이 가진 각종 요소를 대입시켜 근무 성적이 높게 나오는 원인 변수를 찾아보았다.

근무 성적을 결정하는 여러 개인적, 인성적 특성 중에 면접 성적, 신장, 성격, 혈액형, 학교, 전공, 병역 등등이 어떤 통계적인 유의성을 가지고 있을까를 분석한 결과이다. 지원자가 이러한 특성을 먼저 알고 직무나 회사를 지원한다면 좀 더 나은 근무 성적과 직장 적합성을 보이지 않을까 생각해서 공개한다. 물론 조기에 퇴직한 사람도 있고 전체에서 10% 불과한 300명 전후의 표본으로 100% 유의한 신뢰도를 나타낼 수는 없겠지만 그 경향은 짐작할 수 있을 것이다. 따라서 지원자들은 지원 당시에는 알 수 없고 회사에서도 알려주지 않을 이러한 결과를 사전에 일별함으로써 자신에게 적합한 직무군을 찾아가는 데 참고하기 바란다.

●●● 면접 점수와 근무 점수는 별개라는 아이러니

면접성적이 상위 20%에 해당하는 사람과 하위 20%에 해당하는 사람이 입사하여 과연 어떠한 근무 성적을 내고 있는지를 5년간 살펴보았다. 결과는 어이없게도 아무런 상관관계가 나타나지 않았다. 즉, 면접위원이 우리 회사나 직무에 아주 적합한 자원이니 꼭 뽑아야 한다고 판단했던 자원이나 커트라인에 걸려 겨우 합격한 자원들 간 근무 성적에는 유의할만한 정의 상관관계가 나타나지 않았던 것이다. 그러니까 면접위원이나 서류전형 위원들이나 모두들 고생고생하면서 면접하고 어려운 판단을 했지만 결과는 아무런 상관관계가 형성되어 있지 않았다. 오히려 서류전형 결과와 근무 성적 간에는 미미한 정의 상관관계가 나타났다. 어느 회사에서 선착순으로 입사시켜도 일만 잘하더라는 통계를 낸 것을 신문지상에 공개한 적이 있는데 정말 그렇다는 말이다. 그렇다면 이렇게 힘들게 면접할 필요가 있을까?

자 그러면 왜 이런 결과가 나오는 것일까? 면접위원이 각종 오류 요인으로 인해 잘못 판단한 것일까? 아니면 지원자들이 허위로 자신을 완벽하게 위장한 것일까? 그것도 아니면 정말 업무에 필요한 인성과 자질을 잘못 판단하고 있는 것은 아닐까? 그 원인에 대해 아직도 정확한 판단을 내리기 어렵지만 몇 가지 원인을 가정해볼 수 있다. 첫 번째는 회사나 면접위원이 업무에 꼭 필요한 자질들이라고 생각하고 판단의 기준으로 삼았던 내용들이 실제 조직에 꼭 필요한 것이었나에 대한 의문이다. 대체로 기업마다 인재상은 정해져 있고 면접위원 들은 사전에 충분히 교육받고 면접에 임한다. 아울러 자신이나 성공한 조직 구성원이 가지고 있는 인성과 자질을 보이지 않은 기준으로 삼아 지원자를 판단했을 것이다. 따라서 이러한 가능성은 높아 보이지 않는다. 기준 자체가 문제가 있는 것은 아닐 것으로 본다.

두 번째 가능성은 면접위원의 자질이다. 사람을 잘 판단할만한 우수한 인재들로 면접위원을 구성했다고 생각했지만 사람마다 색깔이 있고 선호하는 성품이 있어 편향이 개입될 가능성이 있다. 또한 직무별로 미세하지만 요구 자질이 다른 경우도 많다.

마지막으로 가정해볼 수 있는 것은 지원자의 능력이나 자질을 어떤 장애로 인해 제대로 파악하지 못한 경우다. 앞에서 언급한 여러 가지 오류 요인이 있다. 그래서 훌륭한 자질을 갖춘 사람을 잘못 판단하는 경우도 있을 것이고 능력이 부족한 사람을 순간적인 판단 미스로 채용하는 경우도 있을 것이다. 필자가 생각하건데 여러 가지 원인이 복합적으로 작용하여 이런 결과를 만드는 것은 아닐까 한다.

아무튼 면접 성적과 근무 성적이 정비례하지 않았다는 사실은 필자를 포함한 면접위원, 회사의 경영진들 전원에게 충격적인 결과였다. 필자가 인사부장 시절에 조사한 이런 결과를 면접위원에게 피드백 시켜준 적이 있었다. 안타까운 결과가 나오지 않도록 면접에 더욱 세심한 신경을 써 달라는 취지였는데 어느 분이 다음과 같은 변명 아닌 변명을 했다. '면접이란 우수한 자원을 뽑는 것이라기보다는 적합하지 않은 자원을 가려내는 일'이라는 주장이었다. 필자도 나중에 수긍할 수밖에 없었는데 면접에 합격해 들어온 사람의 근무 성적이 중요한 것이 아니라 적성이나 인성이 맞지 않다고 판단되는 사람을 잘 걸러내는 일, 그것이 면접의 본질인지도 모른다. 아무튼 안타깝지만 면접 성적과 근무 성적은 별로 상관관계가 없었다.

영업에서 성격이 중요할까

얼른 생각하면 사교적인 사람은 사람을 잘 만나고 대인관계가 원만하여 영업 업무에 적합할 것으로 판단하기 쉽다. 사실 그래서 영업직에 근무할 사람을 뽑을 때는 인간관계, 외향성, 친화력, 리더십 등을 보고 판단하여 채용하는 것이 정설이다. 하지만 필자가 분석해본 결과에 따르면 반드시 그렇지만은 않았다. 오히려 내성적 성향이라 영업에 부적합해 보이는 자원이 통계적으로는 오히려 영업 성적이 좋았다. 참으로 신기하게 생각되어 그 이유를 분석해보았다.

영업의 본질은 무엇일까? 필자는 '고객에게 자신에 대한 신뢰와 상품에 대한 믿음을 파는 일'이라고 생각한다. 따라서 영업직에 필요한 자질은 고객에게 호감을 주며 말문을 열어가는 능력, 상품이나 서비스를 제대로 설명하고 자신감을 보여주는 능력, 지속적으로 고객을 관리하고 물고 늘어지는 근성과 인내, 목표에 대한 강렬한 의지가 아닐까 한다. 우리가 인간관계 능력이나 사교성을 영업직의 우선 자질로 보는 것이 틀린 말은 아니나 그 외에도 더 중요한 능력 요인이 있음을 간과해서는 안 되는 것이다. 즉 영업력을 결정하는 요인은 업종에 따라 다르지만 근성과 열정이 훨씬 더 중요하다.

사교적인 사람은 근성과 투지가 약한 경우가 많다. 이 사람과 거래가 어려우면 즉시 다른 사람과 말문을 트고 친해질 수 있는 능력이 있기 때문에 끈기나 근성은 부족할 수밖에 없다. 마치 여자들과 대화에 능한 사람이 한 여자에게 연연하지 않는 것과 같다.

내성적인 사람은 모르는 타인과 말문을 트기가 쉽지 않기 때문에 한 번 여자를 만나면 물고 늘어지는 성향이 있다. 그래서 대체로 내성적인 성향을 가진 사람이 결혼도 일찍 한다. 필자도 내성적인 성격의 사람에 속한다. 그래서 결혼도 처음 만난 집사람을 물고 늘어져서 일찍 했다. 여성에게 인기가 높고 사교성이 뛰어난 사람들이 만혼을 하는 경우를 주위에서 많이 보아왔다. 독자 여러분도 주위를 한번 둘러보라. 의외로 이런 분들을 많이 발견하게 될 것이다. 통계적인 분석은 해보지 못했지만 누군가가 해본다면 흥미로운 결과를 만나게 될 것이다.

업무적으로도 외향적인 사람은 인간관계에 대한 자신감은 있으나 끈질기게 물고 늘어지는 성향은 상대적으로 부족하기 때문에 실제 영업 성적이 높지 않은 것이다. 특히 보험업을 비롯한 서비스업의 영역으로 가면 처음 만나는 사람에게 상품을 보여줄 수조차 없다. 따라서 한두 번의 만남으로 계약이 성사되는 일은 별로 없다. 고객에게 신뢰와 능력을 입증하면서 끈질기게 구애하는 노력이 필요 조건인 셈이다. 보험업에서는 한 계약을 성사시키기 위해 최소한 4~5번의 만남과 설득이 필요하다고 한다.

요약하면 영업직이라 하더라도 근성과 열정이 부족하다면 사교성은 아무런 무기가 되지 못한다는 점을 인식하는 계기가 되었다. 따라서 열정과 근성, 투지는 어떤 업무든지, 기업에서는 가장 기본이 되는 자질 요소인 셈이고 지원자들은 이러한 인성을 키우기 위한 노력을 강화해야 할 것이다.

키 큰 사람은 왜 조직 관리에 더 좋은 성적을 낼까

통계적으로 처리된 직원들의 개인적 특성 중에 신장도 업무 성과와 상관관계를 나타냈다. 여성 조직 관리에서는 키가 큰 사람이 좋은 성적을 냈고 심사·판단 업무 등 사람을 직접 만나지 않는 업무에서 키는 상관관계를 보이지 않았다.

키가 큰 사람들이 영업 관리, 특히 여성 조직 관리에 상대적으로 우수한 성적을 냈다는 사실을 분석해보면 우리 사회가 안고 있는 성향이 고스란히 드러난다.

맞선 볼 때도 그렇고 내 자식 키울 때도 우리나라 사람은 키를 아주 중시한다. 재산이나 학교가 좀 떨어지더라도 키가 큰 사람(남자)을 선호하는 것이 여성들의 일반적인 심리다. 아마도 좋은 유전자와 만나고 싶다는 생존 본능의 발호가 아닌가 싶다.

아무튼 우리나라에서는 남녀를 불문하고 키가 작으면 '루저'로 분류되는 비운을 안게 된다. 키높이 구두나 여성들의 하이힐, 킬힐 등도 이러한 심리가 투영된 결과물이다. 이러한 성향으로 인해 키 큰 남자들은 여성들의 시선을 더 받게 된다. 조직 관리자로서 여성을 관리하고 독려한다면 키가 큰 남자가 더 매력적으로 보일 것이다. 다른 숨겨지거나 보이지 않은 요인이 있는지는 알 수 없었으나 여성 조직 관리에서 남성의 키는 상대적으로 나은 성과를 거두는 요인이었다.

종교는 근무 성적에 어떤 영향을 미칠까

종교는 성적에 대한 테마로 거론하기에는 매우 조심스러운 주제다. 하지만 업무 영역별로 상이한 결과를 나타냈기 때문에 지원자들이 적정 직무를 찾아가는 데 조금이라도 도움이 될까 하여 소개한다.

종교가 있는 경우, 특히 사람을 많이 만나게 구조화되어 있는 기독교·천주교의 경우 조직 관리자로서 긍정적인 결과가 나왔다. 종교가 없는 경우는 심사·판단 직무군에서 더 높은 성과를 보였다. 즉, 사람을 만나서 설득해서 매출을 올려야 하는 적극적인 직무군에는 박애사상이나 사람 됨됨이, 이타적인 인성들이 긍정적으로 작용한 것으로 판단되고 반대로 고객에게 소극적으로 대응해야 근무 성적이 좋은 경우는 종교가 없는 사람이 더 높은 성과를 냈다.

개인별로는 종교 생활이 차지하는 비중이 일정치 않았다. 이름만 올려놓은 경우도 있고 신앙생활에 가장 우선순위를 두는 사람도 있었다. 하지만 평균적으로 보아 신앙생활 덕분에 많은 사람들과 교류하고 공감하며, 사람에 대한 긍정적인 인식을 기른 것이 아닌가 생각되었다.

보험회사에는 자동차 사고를 처리하거나 보험금을 지급하는 일을 하는 직무가 있다. 회사 입장에서는 최소한의 보험금을 지급해야 유리하다. 그런 일이 생겼을 때, 종교가 있는 사람은 사람에 대한 믿음과 긍정적인 인성으로 인해 고객의 요구나 어려운 사정을 거절하지 못하고 회사에 불리한 지급 사례를 발생시켰다. 상대적으로 무신론자들에 비해 근무 성적이 낮았다. 무신론자들은 유신론자들에 비해 거리낄 것이 적어서 고객이나 피해자의 사정보다 자신의 이익(성과)에 쉽게 몰입하는 경향이 있는 것이 아닐까 생각된다.

물론 종교를 가졌다고 모두 다 이타적이고 자기 욕심에 둔한 사람만 있는 것은 아니다. 오히려 종교인이 더 탐욕적인 인생을 사는 경우도 더러 보아온 것도 사실이다. 성과는 아주 다양한 요소의 복합적인 결과물이라 종교 이외의 다른 요인에 의한 결과일 수도 있지만 이론적으로 수긍이 가는 흐름일 것이다.

전공과 출신 학교는 근무 성적과 상관관계가 있을까

주로 기업을 상대하는 직무군(기업영업)에서는 소위 서울의 우수 대학 출신들의 근무 성적이 상대적으로 양호했다. 이는 같은 학교 출신들이 상대적으로 많은 기업에 포진해 있고 학교 선배나 친구들이 도움을 주며 상호 발전을 도모한 결과라 추정된다. 하지만 이는 아주 적은 소수의 직무군에 한정되고 대부분의 직무군에서는 출신 학교 간 근무 성적 차이는 거의 발생하지 않았다. 소위 스펙의 중요 부분을 차지하는 출신 학교가 실제 근무 성적과는 무관한 결과를 나타낸 것이다.

한편 대학에서의 전공은 직무별로 연관성이 일부 나타났다. 특히 상경계 출신들은 보험 영업이나 마케팅에서 상당한 정의 상관관계를 보여줬고 교통사고 등을 처리하는 업무에서는 법과 관련된 학과 출신들이 상대적으로 높은 성과를 나타냈다. 그러나 일반적인 직무군에서는 특별히 상관관계가 있다고 말하기 어려웠고 특히 영업조직관리 직군에서는 학교나 전공보다는 개인 인성이 더 큰 영향을 미쳐서 출신 학교와 전공의 상관관계는 미미했다.

혈액형에 따라서 적합한 직종이 있을까

우리나라 혈액형의 40% 이상은 A형이다. 그만큼 많다. 남미의 어느 나라는 90% 이상이 O형이라고 한다. 이렇듯 혈액형의 비율은 국가별로 다양한 특성을 가진다. 일반적으로 A형은 침착하고 내성적이며 성실한 규범 준수형이 많고, O형은 공격적이고 적극적이며 리더 성향을 가진 행동지향형이 많았으며, AB형이나 B형은 일반화하기 어려운 특성들을 가지고 있다고 알려져 있다. 혈액형으로 사람을 판단하기는 어렵고 또한 바람직하지도 않다고 생각되지만 O형이 대다수인 중남미 사람들의 특성이 다혈질이고 낙천적이며 긍정적인 성향이란 것이 우연은 아니라고 생각된다.

혈액형에 따라 차별하거나 가려 뽑는 기업은 없다고 생각되지만 직무 특성과 성향을 비교해보면 일부는 수긍이 가는 것이 사실이다. O형은 대외적이고 적극적이며 공격적인 일에 적합하고, A형은 수비적이고 규범적이며 안정지향적인 내부 업무(관리·심사)가 적합한 것으로 조사되었다. 따라서 지원자들은 자신의 혈액형을 지원하는 직무와 맞춘다면 더 높은 성과를 올릴 것이다.

병역과 근무 성적과는 어떤 상관관계가 있을까

개별 특성 중에 병역필 여부가 근무 성적과 가장 큰 상관관계가 있음이 조사되었다. 조직 생활이 군대 생활과 크게 다르지 않기 때문이라고 생각된다. 일단 정상적으로 병역을 필한 사람과 그렇지 않은 사람과는 조직에 대한 충성심, 열정, 스트레스 내성, 투지, 인내심에서 차이를 드러냈다. 인성이 형성되는 젊은 시기에 보내는 2~3년의 군대 경험이 자신도 모르게 자신의 몸에 체화되어 기업에 입사한 후에 나타나는 것으로 판단된다. 병역필자 중에서 특히 장교 출신, 그중에서도 ROTC 출신들이 열정과 리더십, 조직에 대한 충성심이 잘 형성되어 있어 대부분의 직무군에서 좋은 근무 성적을 보여주었다.

ROTC 출신 중에서도 참모로 근무한 경우는 필드에서 소대장 경험을 한 사람보다 상관관계가 높지 않았다. 말하자면 기업 입장에서 가장 좋은 군 관련 경력은 ROTC 출신으로 필드에서 소대장으로 소대원을 리드하면서 맡겨진 과업을 잘 수행했던 사람들이다. 병역 면제자 특히 병역 기피로 추정되는 사람들은 조직에 대한 충성심, 이타적인 성향, 스트레스 내성 등이 상대적으로 적게 형성되어 있어 고객들을 직접 만나면서 조직을 대표하며 일해야 하는 직무군에서의 적합성은 낮게 조사되었다.

모든 직종에 공통적으로 요구되는 인성은 어떤 게 있나

사람마다 다양한 개별적 특성을 가지고 있다. 또한 아침과 저녁이 다르고 화장실 가기 전과 갔다 온 후가 다른 것이 인간의 심리다. 다양한 인간의 특성과 주위 환경, 같이 일하는 멤버 등 아주 복잡하고 복합적인 요소들이 투영되어 개인의 근무 성적으로 발현되는 것이라 이러한 요소적인 접근과 분석들이 단적으로 직접적 상관관계가 있다고 단정하기는 어렵다. 또한 어떠한 경우에는 이러한 개별적 특성들이 복합적으로 작용하면서 상쇄시키기도 하고 승수효과를 불러일으키기도 하는 것이 인간의 모습이다.

그렇지만 누구나 수긍하는 인자가 없는 것은 아니다. 소위 각 기업들이 인재상으로 내세우고 있는 것들은 이러한 개별적인 인자와 관계없이 공통적으로 필요한 근무 적성이라고 판단된다. 열정, 충성심, 책임감, 희생정신, 팀워크 능력, 친화력, 근성과 투지, 스트레스 내성, 창조 정신과 도전 정신 등이 그것들인데 이러한 공통적인 요소들은 학교·전공·종교·병력 등등의 요소와 결합하여 종합적인 성과를 만들어낸다. 따라서 지원자들은 이러한 공통적인 인성을 갖추고 자신의 개별적인 특성에 가장 적합한 직무를 선택한다면 면접합격도 상대적으로 쉽고 입사 후 근무에서 보람과 성취감을 느낄수 있을 것이다.

| 근무 성적과 개별 특성과의 상관관계 요약표 |

면접 성적	상관관계 없음
성격	일반적인 상식과는 역의 상관관계
신장	키가 큰 사람이 여성조직관리 직무에 긍정적
종교	영업 관리는 유종교자, 심사·클레임 업무는 무종교자 유리
전공·출신 학교	상관관계 없음(다만 기업 상대 영업은 상위 성적 학교 출신 유리)
혈액형	O형 외부 업무, A형 내부 업무 적합
병역필	전 직무군에서 군필 정의 상관관계(전문 직무군 제외)

중국 삼국시대 조조의 인사참모로 알려진 인물 중에 '유소'라는 사람이 있었다. 삼국지를 보면 조조가 인재를 중히 여기고 적이라 할지라도 웅지를 가진 인재라면 거두어 쓰고 싶어 하는 사례들이 많이 나오는데, 유소는 이러한 위나라의 인사정책을 입안하고 인물을 발굴하며 천거하는 역할을 맡았던 분이라고 생각된다. 이 분이 쓴 《인물지》라는 책에 인물을 관찰하여 판단하는 법이 나온다. 2000년 전 사례이지만 사람 관리의 원리는 변함없을 터, 중원을 호령했던 조조 측의 책사가 쓴 책이라 참고 삼아 나열해본다.

- 남과 싸우는 경우와 남을 구제하는 경우를 관찰하여 뒤섞인 성격을 판단한다.
- 사태에 감응하여 변화하는 태도를 관찰하여 성격을 밝힌다.
- 뛰어난 재질을 관찰하여 명성의 근원을 밝힌다.
- 행위의 동기를 관찰하여 사이비 여부를 가려낸다.
- 사랑하고 공경하는 태도를 관찰하여 정이 통하는 사람인지 여부를 판단한다.
- 미세한 감정 상태를 관찰하여 원하는 바와 그렇지 않은 것을 가려낸다.
- 단점을 관찰하여 역으로 그의 장점을 찾아낸다.
- 총명함을 관찰하여 그가 통달한 분야를 찾아낸다.

－《인물지》

당시에도 수많은 사람들 중에서 인재가 될 만한 재목을 판단하여 발굴하고 육성하며 적합한 직책과 직무에 중용하는 것이 쉬운 일이 아니었던 것 같다.

7장

입사 후 6개월은 이렇게 살아라

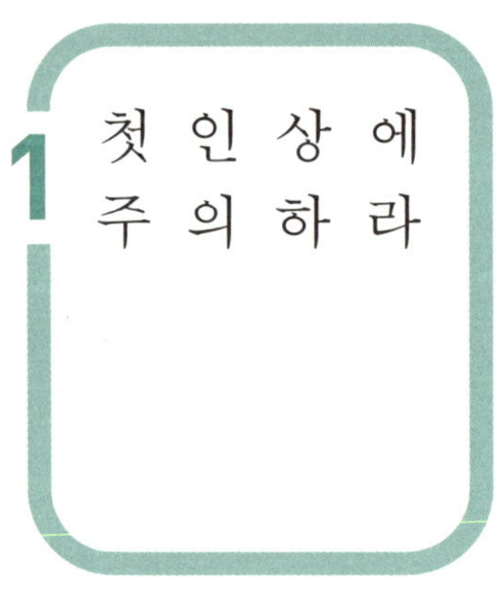

2년은 투자 기간이다

대기만성형의 인재가 없는 것은 아니나 대체로 떡잎을 보면 사람의 됨됨이를 알 수 있다. 어려운 입사전형에 합격하면 실제 근무를 하기 전에 입문교육에 입과하게 된다. 회사별로 다르긴 하지만 대체로 20일에서 30일 전후로 입문 교육을 받게 된다. 그 교육을 마치면 또 다른 교육이 기다리기도 하고 작은 회사들은 추가 교육 없이 실무에 배치하기도 한다. 삼성의 경우 대체로 3가지의 집합·합숙교육이 기다린다. 먼저 '그룹입문교육'이 약 4주간 진행된다. 이후 각사에 배치되면 '각사입문교육'이 2주간 진행된다. 그러고 나면 각 직능별 배치가 되고 여기서도 '부문입문교육'이 기다리고 있다. 그래서 빠르면 2개월 늦으면 6개월 전후의 교육을 받고 현업에 배치된다.

청운의 꿈을 안고 직장에 들어와 첫 월급도 받고 자기 책상과 업무용 PC를 받고 전화번호도 부여받는다. 명함도 같이 나온다. 자기 이름과 전화번호가 찍힌 명함을 받고 나면 이제 제대로 직장인이 된 느낌이 와 닿는다. 한 6개월 전후는 늘 새로움의 연속이다. 그동안은 돈(학비)을 내고 공부했다면 이제는 일을 하면 물론이거니와 교육을 받아도 돈을 받는다.

회사 입장에서는 신입사원 시절의 1~2년은 투자 개념이다. 직무에 따라서는 바로 업적을 내는 경우도 있지만 대개 2년은 지나야 자기 밥값을 하게 된다고 생각한다.

자, 그렇게 어렵게 입사하고 교육까지 수료했다면 비로소 어엿한 직장인으로서 출근을 시작한다. 하루하루가 새롭기도 하지만 선배들의 찌든 얼굴을 보고 있노라면 한숨이 나올 때도 없잖아 있다.

어렵게 들어온 직장인데 순조롭게 잘 적응해서 '과장, 부장, 임원 아니 사장도 해봐야지' 하는 꿈을 가지게 된다. 그러나 직장 생활이 생각만큼 쉽지는 않다. 회사가 돈을 공짜로 줄 리도 없거니와 경쟁이 끝난 것이 아니라 또다시 시작인 것이다. 입사 후 6개월, 1년을 어떻게 보내는가에 향후 직장 생활의 미래가 달려 있다.

성공적으로 부장, 임원으로 승진해 회사의 핵심 인재로서 자기 역할을 확실히 수행하고 있는 사람들의 신입사원 시절 행동과 태도를 관찰하여, 성공한 직장인이 신입사원 시절을 어떻게 보냈는가를

정리했다. 이 책을 보는 독자는 당장 입사가 급선무겠지만 합격의
영광을 안게 되었다면 이 장도 유심히 읽어보고 도움을 받길 기대
한다.

첫인상이 직장 생활을 좌우한다

'용두사미' 라는 격언도 있지만 대체로는 첫날 첫 출근하여 보여
준 첫인상이 조직에 각인되어 그 사람에 대한 이미지로 굳어지는
경우가 많다. 신입사원이 배치되면 같은 부서의 구성원들은 두 가
지로 반응을 보인다. '우리를 도울 수 있는 사람인가 아닌가', 여사
원들은 '이 놈이 결혼했는가, 애인은 있는가' 에 관심을 둔다. 특히
직접 OJT를 맡는 3~5년차
선배들이 신입사원과의 접
촉이 많기 때문에 자세히 관
찰한다.

직장 생활은 첫인상, 첫 번째 계단이 가장 중요하다.

입사 첫날 아니면 다음
날은 대체로 환영회라는 것
이 벌어진다. 술 실력도 테
스트하고 술 취했을 때의 행
동도 관찰한다. 말은 환영회
지만 같은 부서원들에게는

어떤 사람인지 알아보는 시간이다. 면접 때는 말로 대강 넘어갈 수 있지만 입사 후에는 행동으로 다 보이고, 자리를 같이한 사람들의 뇌리에 남게 된다. 그렇기 때문에 첫날 '어떻게 말하고 행동하고 처신하는가'는 오랫동안 그 조직의 구성원에게 각인된다. 만약에 첫날·첫 주에 지각을 하면 오랫동안 불성실한 사람으로 인식되고 그 반대의 경우는 기억하지 않는다. 부정적이고 돌출된 행동만 오랫동안 기억에 남는다는 이야기다.

첫인상만 가지고 미래를 결정하는 아주 대표적인 방식으로 '맞선'이라는 제도가 있다. 한 번 만나서 더 만날 것인가 아닌가를 결정하게 된다. 마주보며 한 시간씩 이야기를 이어가지만 대개는 10분 이내에 주고받은 느낌으로 계속 만날 것인가 여부가 결정된다. 신입사원 맞이도 마찬가지이다.

신입사원의 첫날은 매우 분주하다. 하루를 어떻게 보내느냐가 1년의 생활을 예견할 수 있다. 우선 부서원들과 인사를 나눈다. 그리고 부서장이나 간부로부터 환영 인사와 간단한 업무 요령을 전달받는다. 그리고는 자기 자리로 안내받은 후 업무를 시작한다. 물론 처음에는 아는 게 없으니 업무도 없다. 신입사원의 모습과 행동은 누구에게나 선명하게 보인다. 따라서 근무하는 첫날 아주 중요한 시험대를 통과하는 것이다. 면접 때와 다르지 않다. 씩씩하고 힘차게 활동성과 적극성을 보여주는 것이 싹수 있는 신입사원으로 비치는 가장 쉬운 방법이다.

생각해보면 이치에 합당하지 않는 우스운 일일 수도 있지만 처

음 한 달간 지각 없이 일찍 출근하는 모습을 보이다가 하루 지각을
하면 부서원들은 '무슨 피치 못할 일이 생겼구나' 하고 이해해준
다. 그러나 첫 주부터 출근시간에 허덕이는 모습을 보여줬다가 나
중에 또 한두 번 지각하면 '원래 그런 놈이야' 하고 생각해버린다.
그런 낙인이 찍히면 신뢰를 회복하는 데 정말 오랜 시간과 힘이 든
다. 나쁜 인상이든 좋은 이미지든 그만큼 첫인상이 중요하다는 교
훈이다.

입사 첫날 · 첫 주에 보여서는 안 될 행동들

- 지각하는 일, 시간에 쫓겨 뛰어서 출근하는 일
- 머리나 복장이 정돈되지 않은 일
- 자리에서 꾸벅꾸벅 조는 일
- 얼굴에 숙취가 안 빠진 모습
- 눈빛이나 얼굴이 밝지 않은 모습
- 주저하거나 소극적인 말투나 자세
- 구두 뒤축 구겨 신는 일
- 자주 화장실 왔다 갔다 들락거리는 일
- 외부로 전화하거나 자주 외부에서 전화가 오는 일
- 휴대전화 만지작거리는 일(문자 송수신 등)
- 삐딱한 자세로 의자에 앉아 있는 모습

신입사원의 경우 대체로 부서의 맨 앞자리에 앉게 되기 때문에 뒤
에 앉은 선배들이나 간부의 눈에 일거수일투족이 낱낱이 보인다.
첫인상이기 때문에 조직에 몰입하고 일을 배우려는 의지가 느껴져
야 구성원들이 부채가 아닌 자산으로 판단하게 된다.

입사 후 배치 첫날이나 다음 날 아니면 그 주 중에 환영회가 벌어진다. 술을 잘 마시는 사람도 있고 그렇지 않은 사람도 있지만 취하는 모습은 아무래도 좋지 않다. 주량이 세면 어느 정도는 마셔도 되겠지만 웬만하면 조심해서 취하지 않는 것이 좋다. 술이 한잔 들어가면 사람의 본래 모습이 나오기 마련이라 조심성이 떨어져서 실수를 하게 되고 첫날 한 실수는 오랫동안 자신의 꼬리표처럼 따라다닌다. 물론 환영회이니 만큼 이 사람 저 사람이 한 잔씩 건네겠지만 너무 취하여 몸을 못 가누거나 추태를 부리면 안 된다.

사실 술자리에서 너무 안 취하는 것도 보기 좋은 모습은 아니다. 적당히 취하되 단정한 자세를 잃지 않는 게 가장 바람직하다. 환영회 자리라 전혀 술을 못 하는 사람도 한두 잔은 마셔야 하는데, 이때 거절하면 거부감을 준다. 직장 생활을 하다 보면 이래저래 술 마실 일이 많지만 정신을 잃지는 말아야 직장 생활에 성공할 수 있다. 아무튼 첫날은 같이 보조는 맞추되 대취하는 일은 삼가야 신임을 받을 수 있다는 말이다.

적당히 핑계대서 과음을 피해야 하고 화장실 다니면서 술 마실 시간을 줄이는 것도 좋은 방법이다. 회식 전에 음식을 먼저 좀 들고 가면 취기가 늦게 돈다. 이것도 좋은 방법 중에 하나다. 사람에 따라 다르지만 필자가 생각할 때는 소주 반병에서 한 병, 많아야 한 병반 전후가 구성원들과 보조도 맞추고 대취하지 않는 수준이 아닐까 한다. 다음 날은 술을 아무리 많이 마셨다 하더라도 정시에 맑은 정신과 밝은 얼굴로 출근할 수 있어야 한다. 호기를 부려 과음하면 주사가 나올 수도 있으며 다음 날 근무에도 지장을 준다. 가장 무서운 것은 그런 상태를 선배들이 보고 있으며 그 사람의 미래를 가늠하는 기준으로 삼는다는 것이다. 반대로 너무 샌님처럼 술도 안 마시고 조용히 앉아만 있으면 활동성과 대외 섭외 능력을 의심받는다. 매사 중용의 도를 지키는 것이 가장 바람직하다. 환영회 다음 날은 숙취에서 빨리 깨도록 숙취 해소 음료를 사서 같이 술 마신 부서원들에게 돌리면 눈치 빠른 후배라고 사랑받는다.

시계는 늘 10분 빠르게 맞춰 놓아라

학창 시절과 달라서 기업은 스피드를 요하는 일이 많을뿐더러 단체나 조직으로 움직여야 할 경우도 많아서 시간 지키기가 매우 중요하다. 단체생활에서는 약속 지키기가 가장 기본이 되는 룰이다. 시간 잘 지키는 사람이 조직으로부터 신임을 받고 성공할 확률이 높다. 시계를 10분만 앞으로 돌려놓고 생활한다면 약속 시간에 늦을 일이 별로 없다. 또한 10분 정도 먼저 준비하고 대기한다면 모든 일이 순조롭다. 고객을 만날 때나 상사를 만날 때도 10분 먼저 도착해 기다리면 훨씬 더 유리하다. 할 말이나 행동도 준비할 수 있으며 매우 성의 있고 준비성 있는 사람으로 인식된다.

또한 교통상황이나 예상치 못한 문제가 발생해도 해결을 모색할 시간이 있다. 실제로 필자의 후배 가운데 시계를 10분 빨리 돌려놓고 직장 생활을 하는 사람이 있었다. 그러면 실수하거나 실패할 확률이 아주 낮아진다.

10분이 적은 시간은 아니다. 특히 아침 시간의 10분은 매우 긴 시간이다. 10분 투자로 그 열 배, 백 배의 투자 효과를 볼 수도 있음을 명심하며 회사 생활을 시작하면 성공 가능성은 더 높아진다.

개인적인 일상생활을 시스템화하라

직장 생활이라는 것이 다람쥐 쳇바퀴 도는 것같이 짜여 있고 그날이 그날인 것 같은 따분한 나날일 수도 있지만 예측 못 하는 의외의 상항이 발생하기도 한다. 따라서 일상적인 생활을 잘 짜놓지 않다가는 정작 중요한 일을 놓치고 상사로부터 불신을 받을 수도 있다. 예를 들면 아침에 일찍 일어나지 못해 신입사원 시절에 지각을 서너 번 했다면 상사나 선배로부터 불성실한 사람이나 규범성이 떨어지는 사람으로 낙인찍히게 된다.

조직 생활이란 한두 사람이 움직이는 것이 아니라 적어도 서너 명, 많게는 수십 명이 보조를 맞추어 움직여야 할 경우가 자주 발생한다. 그래서 다른 구성원들과 호흡을 잘 맞추는 일이 의외로 중요하다. 시간을 잘 지키고 미리 대기하고 있는 자세는 신입사원의 필수적인 자질 중에 하나이다. 그리고 개인적인 용무(식사, 용변, 개인적인 전화 등)도 근무 시간 중에 처리하지 않는 것이 신입사원의 자세다. 부서 회의를 하다가 배를 안고 들썩이거나 근무 시간에 아침 식사를 해결하러 회사 주변 식당에서 얼쩡거리는 모습은 누가 보아도 바람직하지 않다. 참고로 필자가 사용한 일상생활 시스템화 사례를 소개한다.

_ 아침 6시 : 무조건 기상(아무리 전날 늦게 잠자리에 들었더라도)
  ~ 6시 10분 : 가벼운 스트레칭으로 몸 풀기(기지개도 좋음)
_ 6시 10분 : 생수 한 컵 음용 후 신문 가져오기
_ 6시 20분 : 화장실 가서 신문 보며 배 속 비우기
_ 6시 30분 : 세수 및 식사 준비
_ 7시 00분 : 출근 및 헬스장 도착
_ 8시 30분 : 사무실 안착(정식 출근 시각 30분전)

_ 퇴근 후에는 샤워와 양치질 필수
_ 12시 전에는 꼭 잠자리에 들기(그래야 아침 6시에 기상이 가능함)

정시 출근 의무가 없는 지금도 이 시스템은 변함없다. 적어도 이렇게 사생활을 시스템화해 놓으면 근무 시간에 회사 생활에 지장을 줄 개인사는 거의 발생하지 않는다. '억지로 화장실에 앉아 있다고 준비가 안 된 것이 어떻게 나오나?' 하고 질문하는 사람들도 있다. 하지만 의지를 가지고 지속적으로 노력하다 보면 가능한 일이다. 또한 8시간을 회사에서 일하는 대가로 급여를 받는데 그 시간을 개인적인 용도로 사용하는 것은 도덕적으로도 마땅치 않은 일이라고 필자는 생각한다.

직장 생활이든 개인적인 일이든 열정적으로 계획적으로 하지 않으면 언젠가는 어려운 경우가 발생한다. 그런 의미에서 개인적인

용무를 회사에 가져오지 않는다는 철칙을 세우고 직장 생활을 해야 남보다 성공할 가능성이 높아진다.

'한 번뿐인 삶을 이렇게 재미없게 시스템화하고 살아야 하나? 그러면 인생이 너무 안타까운 일이 아닌가?' 하고 반문하는 사람도 있지만 직장 생활도 경쟁이라면 남보다 더 철저해야 이길 수 있다고 필자는 생각한다. 뭐 직장 생활을 즐기면서 대강대강 살고 싶은 분들은 무시해도 좋다. 다만 그런 성향을 가진 분들은 조직으로부터 무시당할 수도 있음을 명심하는 것이 좋다.

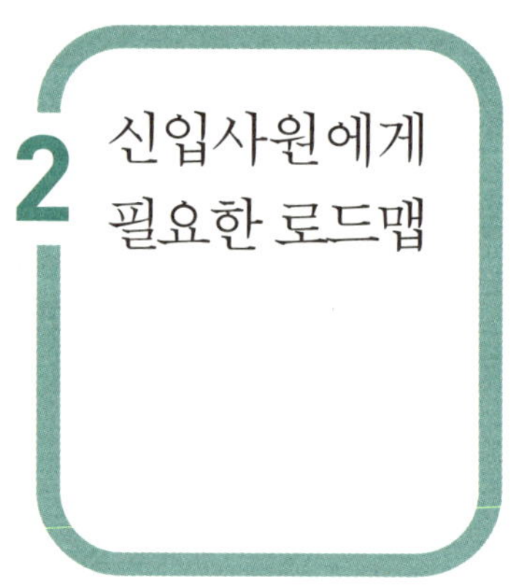

한 달간은 선배들의 업무 기록을 빠짐없이 열람하라

하루 이틀 인사와 소개, 환영회 등이 끝나면 이제 책상에 앉아서 업무를 배우게 된다. 선배가 말이나 문서로 가르쳐주기도 하고 자습을 시키기도 한다. 발 빠른 선배들은 현장에 데리고 다니면서 관련 부서나 고객에게 인사를 시키면서 OJT를 실시한다. 그렇다 하더라도 시간이 꽤 남는다.

시간 나면 자기가 맡은 업무에 적극성을 보이는 것이 좋다. 관련 파일이나 문서를 열람하고 선배에게 묻기도 하고 업무와 관련한 선배로부터 열심히 배워야 한다. 시간은 의외로 빨리 흘러간다. 퇴근 시각이 되었다고 정시에 퇴근하는 것은 앞으로의 직장 생활에 결코 바람직한 영향을 주지 않는다. 친구와의 약속이나 행사도 가급적 피하고 최소한 한두 달은 조직과 일에 몰입할 시간을 가지도록 노력해야 한다. 마치 시집간 신부가 사흘이 멀다 하고 외출하거나 친구들과 수다를 떠는 모습을 시댁에서 본다면 그 결혼 생활이 평탄하지 않을 것임과 다르지 않다.

신입사원은 새로운 집안에 시집온 신부라고 생각해야 한다. 선배들이 퇴근한 후 최소한 한두 시간은 혼자 남아서 자기가 맡은 일에 관련한 업무 문서나 파일들을 검색하고 업무의 개요, 주요 고객, 주요 업무의 프로세스를 익혀야 한다. 한 달이 경과하기 전에 자신과 관련된 업무 파일을 바로 찾을 수 있는 수준은 되어야 직장 생활에 성공할 가능성이 높아진다.

경력사원이 아닌 신입사원으로서 한 달이 경과하기 전에 업무를 통달하기는 거의 불가능하다. 하지만 최소한 이 일과 관련된 파일이나 자료가 어디에 있다는 것은 확실히 파악해야 잠재 능력과 가능성을 인정받는다. 예를 들면 선배가 어떤 파일 좀 가져오라는 지시를 했을 때 바로 가서 찾을 수 있어야 한다. 어디 있는지 몰라 더듬거리면 파일의 행방과 함께 미래도 행방불명된다. 그래서 야간에 자기만의 부가적인 업무 파악 노력이 필요하다. 사실, 처음에는 어떤 파일을 가져오라 하는지도 잘못 알아듣는 경우도 비일비재하다. 용어들이 낯설기 때문이다. 이때는 지체 없이 선배에게 정확한 파일·자료명을 물어봐야 한다. 신입사원이 선배에게 물어보는 것은 죄가 되지 않는다. 오히려 정확한 지시 명령을 확인하는 절차이므로 더 긍정적으로 생각한다.

더 좋은 방법은 선배들의 업무 기록을 열람하면서 나름대로 의문점을 메모해놓는 일이다. 선배들이 수행했던 업무 역사를 열람하면서 선배들의 생각과 공감하고 또 이해하기 어려운 점을 파악해두는 것은 향후 같은 일을 되풀이할 때 사용할 좋은 참고서를 얻은 것과 같다. 가끔은 술자리나 커피 타임에 넌지시 선배의 업무 기록 중에서 자신의 생각과 같은 부분을 공감하고 칭찬하면 선배는 훌륭한 후배가 들어왔다고 생각할 것이다. 물론 이해되지 않는 부분을 알 수 있게 도와달라고 선배에게 도움을 요청하면 더더욱 긍정적인 후배로 인식될 수 있다. 선배나 관리자도 감정을 가진 사람이기 때문에 자신에게 관심을 가지고 긍정적으로 생각해주는 후배가 싫을 리 없다.

석 달 이내에 주어진 업무의 핵심을 모두 간파하라

실무에 배치받은 지 석 달이 경과했다면 그 싹수를 파악할 수 있다. 3개월이면 그 선배들과 간부들은 이 업무에 적합한지, 앞으로 업무를 잘 수행할 것인지 여부를 파악한다. 따라서 이 3개월 동안은 다른 것은 다 잊어버리고 오로지 업무 파악에 전념해야 한다. 그래야 미래가 편하다. 처음 1개월 동안 업무 편람이나 규정, 매뉴얼의 존재 여부와 위치를 파악했다면 이제는 그 핵심을 머릿속에 넣어야 한다. 3개월 안에 머릿속에 들어가지 않는다면 이후에 들어갈 확률은 아주 낮다고 보는 것이 일반적이다.

매일 술 마시고 친구들과 어울리고 일찍 퇴근한다면 이런 노력을 할 시간이 별로 없을 것이다. 왜냐하면 근무시간에는 이런저런 지시를 수행하느라 업무 파악 시간을 내기 어렵기 때문이다.

필자의 경우 인사부에 첫 배치를 받았다. 그래서 가장 우선해야 할 중요한 일은 회사원 전원의 인사자료를 머릿속에 넣는 것이었다. 퇴근하면서 한 부서(약 15명 전후)의 인사카드를 출력한 후, 오며 가며 다 외웠다. 한 사람의 인사기록부는 약 200개의 디테일한 항목들을 담고 있다. 예를 들면 이름, 나이, 병역 사항, 출신 학교, 군 경력, 상벌 사항, 이동 사항, 근무 성적 등이다. 당시 전 직원의 숫자가 600명이라 하루에 10명씩 머릿속에 넣다 보니 약 두 달이 지나자 전 직원의 인적 데이터가 머릿속에 저장되었다. 엄두가 안 나는 일이라 생각할 수도 있지만 우리 두뇌는 가장 성능 좋은 컴퓨터보다 몇백 배 더 우수한 성능을 가지고 있다는 것을 명심하라.

3개월이 지났을 때는 전 직원의 인적 사항이 필자의 머릿속에 다 들어왔다. 어떤 기회에 인사발령을 내는데 고교 선후배를 같은 부서에 배치하면서 후배를 선배의 관리자로 발령을 내려고 하는 것을 봤다. 신입사원이었지만 조직 정서상 적합지 않음을 넌지시 지적했고 깜짝 놀란 상사는 그때부터 필자를 다시 보며 칭찬을 아끼지 않았다. 또 한 번은 어느 선배와 저녁 술자리에 합석하게 되었는데 모인 사람들의 인적 사항을 머릿속으로 굴려보니까 ROTC 출신들이었다. "오늘 ROTC 모임에 오셨군요"라고 했더니 그 선배가 깜짝 놀라는 것이었다. 신입사원 시절에 이 정도의 인정을 받고 나면 만사가 순조롭게 흘러간다. 첫인상이란 이래서 중요하다. 잘할 것 같은 이미지도 오래 가고 그 반대의 경우도 아주 오래 간다. 신입사원에 대한 이미지는 백지상태에 가깝기 때문에 어떤 이미지를 상사의 머릿속에 그려 넣는가는 향후 직장 생활에 매우 중요한 성공 인자가 되는 것이다.

6개월간 개인을 잊어라, 오로지 조직만 생각하라

20대 후반에 조직에 들어오면 회사에서 해야 할 일도 많지만 개

신입사원으로 들어왔다면 일단 일과 조직에 집중하라.

인적인 일도 적지 않다. 비슷한 시기에 회사 생활을 시작한 학교 동 창들, 군대 동기들과도 만나고 싶고 연애도 해야 하고 직장 생활을 중심으로 미래도 설계해보고 싶고 꿈도 많다. 결혼적령기이기 때문 에 결혼은 언제 누구랑 할 것이며, 어디서 살 것이며, 어떻게 살 것 인가에 대하여도 생각이 많아진다. 부모로부터 취직도 했으니 선 보라는 독촉도 많이 받고 집안 행사에 호출도 적지 않게 받는다. 그 러나 6개월 동안은 이런 업무 외적인 일은 완전히 잊으라고 충고해 주고 싶다. 이 기간에는 동창회나 동기회 모임도 단절해야 한다. 개 인적인 관심 사항도 잊어라. 오로지 새로 맡은 업무나 조직에 몰입 해야 한다.

| 직장 생활의 세 분기점 |

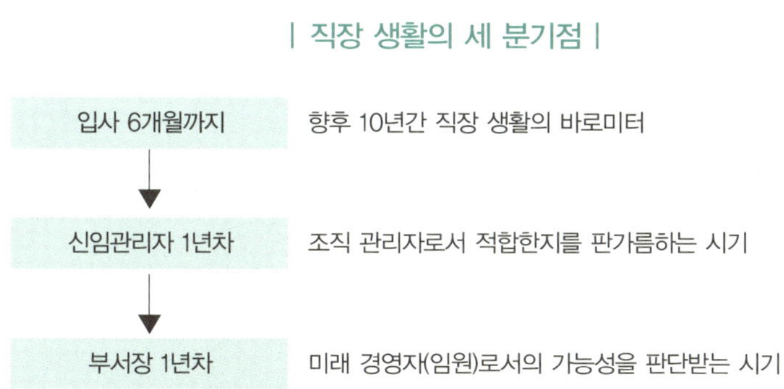

직장 생활에는 세 개의 중요한 분기점이 있다. 직장 생활의 성패 를 좌우하는 시점 말이다. 입사 후 첫 6개월이 그중에 하나이고 관 리자가 되고 난 직후 1년간, 그리고 부서장이 되고 난 1년이 아주

중요하다. 입사 후 6개월간의 모습으로 향후 10년간(사원 시절)의 행동과 업적을 유추할 수 있기 때문이다. 관리자들은 그래서 신입사원의 말과 행동, 태도를 그 시기에 면밀히 관찰하고 판단한다. 미래에 꼭 필요한 동량이 될만한 재목인지, 그저 그런 사람인지, 아니면 버려야 할 부채인지를. 따라서 6개월간은 개인적인 성향과 관심, 사적인 일은 완전히 잊고 조직과 일에 몰입하는 모습을 보여주는 것이 직장 생활의 미래를 화려하게 그려갈 밑그림이 된다.

3 신입사원이 꼭 생각해야할 것

적성, 너무 따지지 마라

신입사원들이 오류를 범하기 쉬운 것 중에 하나가 적성이다. '이 업무가 내 적성에 맞는 일인가'에 대한 회의가 일어나는 것이다. 특히 상사와도 맞지 않고 동료들과도 잘 어울리지 않다 보면 업무 자체가 피곤하고 싫증이 나기 마련이다. 그러다 보면 과연 '이 일이 내 전공, 내 적성과 맞는 일인가'를 가지고 고민하기 시작한다. 마치 다른 모든 나쁜 상황이나 문제가 적성에 맞지 않은 업무에 배치된 때문이라고 속단해버리는 일이다. 물론 이렇게 생각하면 마음은 편할지 모른다. 그러나 근무 성적은 적성검사에서 발견한 적합한 일을 하나 그렇지 않은 일을 하나 차이 없다. 필자가 인사부서 관리자로 근무할 당시 많은 동료나 후배들이 면담 신청을 해서는 적성에 맞지 않으니 다른 업무로 옮겨달라고 요청했다. 그러나 사실 전공과 적성은 극히 제한된 기술적인 전문 직무를 제외하고는 그 영향력이 미미하다.

적성이란 일에 대한 것도 있지만 조직에 대한 부분이나 같은 구성원들과의 조화 여부도 많은 부분을 차지한다. 실제로 회사를 그만두는 대부분의 사유는 일이 적성에 맞지 않다기보다 인간관계, 특히 상사와의 불협화음이나 부조화에서 연유한다. 필자가 회사를 그만두는 2000명을 면담한 기록이 있는데 퇴직 사유를 본인이 무어라고 이야기하든 상사와의 부정적인 상황이 문제의 중심임을 알 수 있었다. 따라서 신입사원들이 인식해야 할 것은 정말 이 일이 내 적성에 맞나 안 맞나를 따지기보다, 조직에 융화되고 상사의 마음에 들기 위한 노력을 스스로 얼마나 했는가를 생각해보는 것이다. 신입사원으로 입사하여 업무나 조직이 딱 내 적성에 맞다는 사람은 별로 만나보지 못했다.

사실 학교를 졸업할 동안은 돈을 내고 공부하지만 이제부터는 돈을 받고 일하는 것이다. 그런 만큼 행동과 태도가 변화하지 않는다면 당연히 재미도 적고 고통 속에서 지낼 것이다. 그러다 보면 이 일이 과연 내 적성에 맞는가를 고민하게 될 수밖에 없을 것이다. 대부분의 신입사원이 이 타이밍에 회사를 그만두거나 타 부서로의 이동을 생각하지만 다른 조직이나 다른 업무를 맡는다고 해서 과연 '이 직무·조직이 내 적성이구나' 라고 생각하게 될까? 매우 어렵다.

여전히 조직이나 직무에 대한 불평이 없어지지 않는다. 신입사원은 새로운 조직에 들어간 것이니 일도 사람도 조직도 생경스러운 것은 너무나 당연하게 받아들여야 한다.

적성이란 개인이 얼마나 열정과 애정을 가지고 업무에 임하는가에 따라 달라진다. 예술가가 아닌 다음에야 타고나는 적성을 기대하기보다는 노력과 열정으로 적성을 만들어가면 되는 것이다. 따라서 신입사원 시절의 어려움은 스스로를 반성하는 계기로 삼아야 조직에서 성공할 수 있다. 다른 요인 탓으로 돌린다면 그 성공의 길은 요원하다.

자기계발은 1년 후에

청운의 꿈을 안고 회사에 입사했다면 여러 가지 생각이 많을 것이다. 건강 관리를 위해 운동도 해야 할 것이고 취미 생활도 하고 싶을 것이고 모자란 어학 실력도 더 키우고 싶을 것이다. 그래서 첫 월급으로 어학 학원에 등록하기도 하며 자격시험을 공부한다며 학원에도 등록할 것이다. 다 의욕이 있어야 가능한 일이긴 하나, 그러다 보면 자연스럽게 본연의 업무에 대한 파악과 집중은 다소 중심에서 벗어날 수 있다. 필자는 최소 1년간 업무 외는 아무것도 신경쓰지 말 것을 권고한다. 본업을 소홀히 하면서 다른 부가적인 일을 잘하는 것은 성공에 별로 도움이 되지 않는다. 본인의 미래 발전과

역량 향상을 위한 여러 가지 노력들은 1년 후로 미루는 것이 훨씬 더 발전가능성을 높여준다.

신입사원의 직무 지식을 높이기 위하여 외부 교육에 입과시키는 경우도 적지 않다. 이런 경우에도 몰입해서 배우되 업무와의 상관관계 속에서 판단해야 한다. 회사 비용으로 교육받는 것인데 교육 성적이 좋아서 회사도 빛나게 하고 자신도 열정적으로 교육에 임했음을 보여주면 최상이다. 한편 교육 기간 중에 부서 일에 신경을 끊기보다 일찍 끝나는 날은 부서로 돌아가서 선배들의 일에 작은 도움이라도 주는 것이 본인의 미래에 큰 도움이 된다. 아무튼 1년간은 조직에 몰입하여 일과 조직을 배우는 것이 가장 좋은 자기계발 전략인 셈이다.

월급을 사용할 계획을 세워라

일을 했으니 매달 월급을 준다. 월급을 받으면 스스로가 대견스럽게 느껴지겠지만, 피해야 할 두 가지 경우가 있다. 먼저 한 가지는 적지 않은 월급을 친구들과 술 마시고 좋은 옷이나 소지품·명품 등을 구입하는 데 사용하는 경우다. 부모에게 용돈 받아서 쓰다가 자신이 벌게 되면 그동안 움츠러들었던 소비 생활을 멋있게 시작하고 싶을 것이다. 장기적으로 보면 바람직하지 않다. 주위에서도 곱지 않은 시선을 받는다. 일정 금액을 부모에게 송금하거나 재형저

축을 들어서 자신의 생계 자금을 확보한 후에는 적당한 소비 생활도 용인된다.

반면, 너무 짠돌이처럼 저축만 하고 소비는 안 하는 스타일도 길게 보면 바람직하지 않다. 신입사원 시절이란 회사에서 업무를 배우는 시기이므로 사실은 수업료를 내야 마땅하다. 따라서 동료들이나 선배들과 하는 저녁 자리에서는 적당한 주기로 자신이 계산하는 모양새가 바람직하다. 조직에 따라 여러가지 식대 계산 형태가 있지만 너무 짜게 금전을 사용해도 욕먹게 되고 너무 헤픈 스타일도 신뢰감을 만드는 데 부정적이다.

동료나 선배에게 도움 청하기를 망설이지 마라

필자가 회사에 입사하여 약 30년간의 지방 생활을 청산하고 서울 생활을 막 시작했을 때의 일이다. 상사의 어떤 심부름으로 태평로에 있는 사무실로 갔다가 을지로에 있는 회사로 돌아오기 위해 서울시청 앞 지하도로 들어갔다. 대강의 나갈 방향을 가늠하고 들어갔지만 미로 같은 서울시청 지하도는 정확한 출구를 알려주지 않았다. 이리저리 한 10여 분을 헤매다 결국은 지나가는 행인에게 길을 물어보고 나서야 출구를 찾을 수 있었다. '서울은 입이 서울이다' 라는 말이 있는데 자꾸 물어봐야 한다는 속담이다. 모르는 길을, 처음 온 길을 혼자서 찾으려니 쉽지 않았던 것이다.

신입사원의 직장 생활도 마찬가지다. 모르는 것이 어쩌면 당연하다. 선배에게 물어보고 조언을 듣는 것을 두려워하지 마라. 물론 선배가 너무 바빠서 후배에게 도움을 주기 어려운 경우도 없잖아 있겠지만 웬만하면 친절히 가르쳐 준다. 오히려 고마워한다. 자신을 믿고 물어본 것에 대하여.

필자가 관리자로 근무할 때의 일이다. 신입사원으로 입사한 지 세 달째인 어떤 후배가 월요일만 되면 이런저런 것을 물어보고 새로운 제안을 했다. 아마도 휴일에 혼자 끙끙대고 업무를 공부하고 연구하다가 의문점을 관리자인 필자에게 문의하는 것이었으리라. 휴일에 업무에 몰입했다는 이야기라서 기분이 좋았고 후배가 든든하게 보였다. 그 후배의 질문이나 제안들은 10여 년의 직장 생활로 업무 수행을 할 때 다소 매너리즘에 빠져 있었던 필자에게 신선한 자극이 되었다. 어떨 때는 은근히 겁이 나기도 했다. 오늘은 또 어떤 것을 물어볼까 하고. 아무튼 그 후배는 집요하고도 열정적으로 업무에 몰입했고 나중에 필자의 자리를 꿰차는 핵심 간부가 되었다. 모름지기 일에 대한 열정은 아무리 숨겨도 배어 나오는 것이다. 조직은 신입사원에게 이러한 열정과 신선한 발상을 기대하고 채용하는 것일지도 모른다.

또한 나이 어린 여사원들과의 관계에서도 이런 노력들이 유효하다. 고졸이나 전문대를 졸업하고 20대 초반의 나이에 입사하여 업무를 시작한 여사원들이 군대를 갔다 와서 20대 후반에 입사한 대졸 남자 신입사원보다 실무적으로 훨씬 더 숙련되어 있다. 막내 여

동생 같은 여사원에게 물어보기가 쑥스러워 주저하다가는 혼자 힘만으로 업무를 숙달해야 하는 어려움에 부딪힐 것이다. 이런 경우도 주저 없이 물어봐야 한다. 여사원은 나이 많은 대졸 신입사원의 어리바리한 모습을 고소해하기도 하지만 대부분 친절하게 가르쳐 준다. 필자는 이런 점을 잘 활용해 조기에 업무 현황도 파악했고 적지 않은 도움들을 받았다. 대부분의 사무실에는 남녀 사원이 같이 근무하기 마련이다. 사무보조 업무를 주로 담당하는 고졸·전문대졸 여사원이 2~3명은 있는데 이들의 능력은 대졸 신입사원들보다 월등하다. 그리고 단순작업에는 아주 고효율을 내는 능력을 갖추고 있다. 여성이라 조심할 점도 많지만 여사원들과 업무적으로 친해놓으면 신입사원 시절이 훨씬 더 수월해진다.

사소한 일을 실수하거나 놓치지 마라

일을 하다 보면 집중력을 발휘해야 할 때가 있고 편안한 마음으로 해도 되는 때가 있지만 늘 정신을 바짝 차려야 직장 생활에서 성공하기가 용이하다. 작은 실수들이 어쩌다 큰 사고로 연결되기도 하고 한두 번의 실수는 사람에 대한 불신으로 연결된다. 아주 중요한 일을 맡길 때는 이러한 개개인의 성향을 염두에 두고 미션을 부여한다. 실수가 잦은 사람은 중요한 일을 맡지 못하게 되고 그러다 보면 조직의 핵심에서 밀리게 된다.

조직에서 100원의 계산 실수는 불신의 단초가 되며 100억의 투자 실패는 의욕적이라며 넘어갈 수도 있다. 또한 작은 실수를 대수롭지 않게 생각하는 사고도 불신을 부르는 중요한 요인이 된다. 작은 일을 잘 못하는 사람에게 큰일을 맡기지 않는 것이 일반적인 기업의 현실임을 명심하자. 작은 일에도 정신을 모아서 하찮은 실수도 없도록 하는 것이 조직과 상사에게 신임받고 큰일도 맡을 수 있는 조건이다.

신입사원에게 상사는 큰 기대를 하지 않는다. 그러나 작은 실수들이 한둘 모이면 기억에 선명하게 남는다. 작은 계산 실수, 기안 시에 한두 가지 빼먹고 결재 올리는 일, 약속 시간 안 지키는 일, 지시 잘못 듣고 엉뚱하게 일하기, 사람 이름 잘 외우지 못하는 일, 글자 잘못 쓰는 일, 인사나 기본예절 안 지키는 일, 지각 등이 그것이다. 아무튼 작은 일에도 최선을 다하는 자세가 필요하다. 호랑이는 토끼를 잡을 때도 혼신의 노력을 기울인다는 점을 꼭 일깨워주고 싶다.

휴일에는 여러 사람과 어울리는 운동을 하라

신입사원 시절은 일을 배우는 시기라 주말에 출근해서 일하는 것도 나쁘지 않지만 그러지 않을 때는 여럿이 어울리는 운동을 권장한다. 건강에도 좋고 다른 부서의 동료들과 주말에 어울리면서 편안하게 업무 조율도 하고 감정상의 앙금도 푸는 효과가 있다. '도랑 치고 가재 잡는' 양수겸장의 효과를 거두는 일이다. 그러고 주말이라 하여 늘어지게 자는 습관은 성공을 꿈꾸는 사람들이 택할 모델은 아니라고 생각한다.

작은 회사라도 이런저런 운동모임이 있다. 축구, 야구, 테니스, 볼링, 스쿼시 등등. 이런 운동으로 팀워크도 다지고 몸도 다진다면 직장 생활의 미래가 탄탄해진다. 이런 운동이 아니라면 여럿이 어울리는 등산이나 낚시도 좋다. 아무튼 주말을 불규칙하게 지내다 보면 월요병도 생기고 직장 생활에 대한 재미를 느끼기가 점점 어려워진다. '피할 수 없다면 즐기라'는 격언이 있지만 필자는 오히려 사람이나 일을 '피하지 말고 즐기라'고 말해주고 싶다.

운동 경기는 적극성과 활력을 전제로 한다. 선배나 상사가 좋아하는 운동 모임이 있다면 적극적으로 참여하라. 이것이 바로 활력과 적극성을 보여주는 좋은 계기가 되며 자신의 체력 관리나 건강 증진에도 도움이 된다. 주말 아침에도 이불을 박차고 일어날 수 있어야 나중에 다른 사람들과 비교해 더 멋진 인생을 즐길 수 있다. 다른 부서원들과의 교류 기회나 친화력을 증진시킬 수 있고 그런 비공식적인 만남이 나중에 큰 힘이 되고 자신을 지지해주는 든든한 파워가 된다. 직장 생활 비결 중에 '친구를 많이 만드는 것보다 적을 적게 만드는 것이 유리하다'는 격언이 있는데 아주 중요한 지적이다. 승진 심사나 중요 보직의 인사이동 시에 덕담보다는 비난성의 지적이 더 큰 영향을 끼치는 사례를 많이 보아왔기 때문이다.

필자의 사례를 소개하자면 주말에는 늘 직원들과 등산반·테니스반 모임에 참여했다. 인사부서원이었기 때문에 사내 동향 파악이나 주요 정책에 대한 직원들의 여과 없는 여론 수렴도 주요 미션이었는데 그러한 자리에서는 부담 없이 자연스러운 여론을 수집할 수 있어서 건강 관리는 물론 업무 수행에도 많은 도움이 되었다. 아직도 당시의 테니스반 멤버들과는 정기적으로 모임을 갖고 있다. 이제 고문으로 물러난 신세지만 주요 행사가 있으면 시간을 내서 참석하여 같이 어울린다. 회사를 그만두고도 젊고 활력이 넘치는 친구들을 주변에 가지고 있다는 점만 해도 필자는 잘한 일이라고 생각한다.

이런 모임의 성격상 부작용이 없잖아 생기기도 한다. 비공식적인 모임이 회사의 공식적 의사결정에 간섭할 수 있고 너무 친하게 지내다 보면 파벌이 형성될 수 있으며 비공식 조직 간의 청탁이나 사내에 부정적인 여론이 생겨날 수도 있다. 하지만 그런 일만 조심하면 실보다는 득이 훨씬 많은 활동임에는 분명하다.

4 선인들과의 대화를 멈추지 마라

책은 선배이자 스승이다

학교를 졸업하고 취업이 되었으니 교과서나 전공서적들을 버리거나 헌책방에 넘기는 경우가 있다. 사실 부지런한 사람들이나 이렇게 하고 대개는 집안 구석에 처박혀 있기 마련이다. 그 구석에 처박혀 있는 교과서나 참고서가 업무상 필요할 때가 많다. 물론 필드를 뛰는 현장 관리자에게는 필요성이 덜할 수 있지만 정책을 입안하거나 회사의 주요한 의사결정을 지원하는 참모들의 입장에서는 의외로 학교 시절에 공부한 책들이 도움이 된다. 학창 시절에는 서적을 시험공부용으로 읽고 외우고, 지나고 나면 잊어버리지만, 입사하여 일하면 그것들이 아쉽다.

학창 시절, 하루 2시간의 수업 시간에 30~40페이지씩 진도가 나가기 때문에 그 내용을 깊이 알고 이해하기는 어렵다. 시험이 끝나면 언제 봤냐는 듯이 창고 속으로 들어가곤 했다. 하지만 실제 인사 관리나 조직 관리를 지원하는 부서에 근무하면서 다시 꺼내서 읽어보니 그 참뜻을 이해할 수 있었고 실무에 옮겨 참고했다. 하다 못해 고등학교 사회, 지리, 국사, 세계사 책들도 다시 꺼내서 읽어보니 정말 소중한 내용들이었다. 자연과학을 제외한 대개의 학문은 대체로 현업 경험들을 축약하여 이론화한 것이 많고 서로 관련된 뿌리에서 나온 것이 대부분이다. 지리학과 역사학이 업무에 무슨 도움이 될까도 생각하겠지만 실제로 상상력을 발휘하고 사안의 궁극적인 원인과 배경을 찾아가는 데 큰 도움이 되었다.

융합적 인재는 책으로 길러진다

전공 분야만 공부할 것이 아니라 다양한 분야를 섭렵해 놓으면 언젠가는 인생이나 직장 생활에 도움이 됨을 여러 번 경험했다. 그것이 바로 융합적이고 통섭적인 사고를 가능케 하는 원동력이 되는 것이다. 경영학에서 풀리지 않는 문제의 답을 지리학에서 찾을 수가 있고 그 반대의 경우도 더러 있다. 따라서 학창 시절에 보았던 책을 신입사원 시절에 시간이 다소 여유로울 때 다시 읽어본다면 업무에 적잖은 도움이 된다. 필자는 긴 직장 생활의 대부분을 인사

관리와 조직관리 분야에서 보냈는데 다양한 서적에서 탐독한 내용들이 업무 수행과 스스로의 이론적 기반을 탄탄히 하는 데 큰 도움이 되었다.

한번은 인생의 의미와 직장 생활, 남녀 간의 차이 등을 고민하고 있었는데, 그때 소크라테스가 쓴 《향연》이라는

절대 책을 멀리하지 마라. 책이 미래를 보여줄 것이다.

작은 책자를 읽었다. 2500년 전 사람이고 당시의 대단한 철학자였던 그분의 고뇌나 고민이 필자의 그것과 다르지 않음을 발견하고 대단한 희열을 느꼈었다. 마치 2500년 전 소크라테스와 마주 앉아 담론하는 느낌을 받았다.

그렇다. 책 속에는 선인들의 생각과 고민과 발자취가 배어 있다. 책을 쓴 사람이 유명한 사람이든 아니든 그 책을 읽는 사람보다는 그 주제에 대하여 더 많은 고민을 한 사람이다. '책을 읽는 동안은 우둔한 사람과의 대화를 멈출 수 있다'라는 격언을 들먹이지 않더라도 늘 책을 가까이 하는 일은 직장 생활과 인생을 성공으로 받쳐 주는 디딤돌이 됨을 명심하라.

사무실에서 시간 내서 책을 보기는 현실적으로 어렵겠지만 출퇴근 시간을 활용하면 비교적 긴 시간을 낼 수 있다. 남들 졸 때 같이 잔다면 남보다 빠른 승진, 남보다 나은 직장 생활은 어렵다고 봐야 한다.

나침반 없이 바다에 나가지 마라

신입사원으로서 초기에 해야 할 일이나 자세를 몇 가지 소개했는데 직장 생활도 계획을 세워서 하면 훨씬 더 수월하다. 그럭저럭 상사가 지시하는 일이나 하고 인생이 흘러가는 대로 산다면 속 편할지는 모르겠으나 자신의 인생 비전을 실현하기 위해서는 우연에 기대야 할 것이다.

깨어 있는 시간의 대부분을 보내는 직장에서 자신에 주어진 작은 여유 시간을 어떻게 효율적으로 활용할 것인가를 계획하고 실행해 나간다면 꿈을 이루기가 더 쉬워진다. 계획이 있는 삶과 그렇지 않은 삶을 항해에 비유한다면, 나침반과 지도를 가지고 목적하는 방향으로 나아가는 배와 그렇지 않고 바람과 풍랑에 몸을 맡기는 배의 차이라고 할 수 있다.

매년 1월 정초에는 인생경영계획을 수립하라

정초에는, 아니면 반기에 한 번이라도 자신의 인생경영계획을 수립하고 계획에 충실하게 따르다 보면 본인이 원하는 삶으로 다가갈 확률이 높아진다. 입사지원서에 자신의 꿈을 제대로 기술한 경우도 있지만 대개의 경우 합격을 목적으로 미사여구만으로 포장한다. 따라서 이제 입사를 했다면 자신의 인생, 자신의 직장 생활을 어떻게 완성해나갈 것인가를 다시 그려보자.

매년 인생은 새로워진다.

필자는 매년 정초에 자신, 가족, 직장생활, 문화생활, 재산 형성 등에 대한 연간경영계획을 수립해 실천했다. 몇 개 분야를 할 것인지, 어떤 항목을 포함시킬 건지 등은 순전히 자신이 중요성과 긴급성을 판단하여 결정하면 되지만 수립 방법과 실천, 과정 관리 방법은 회사마다 연초에 만들어 공표하는 경영계획수립 과정을 준용하면 될 것이다. 회사에서 배우는 지식을 자신의 인생 관리에도 원용한다면 바람직한 삶을 살아갈 가능성이 훨씬 더 높아짐은 주지의 사실이다.

이 순간에도 취업을 못해 백수 생활로 소일하는 수많은 청춘들이 있음을 유감스럽게 생각한다. 취업만이 진정한 자아실현의 길이 아님은 다들 알지만 현실적인 여건은 여전히 녹록지 않다. 이러한 젊은이들을 위해, 면접관 입장에서 차마 말하지 못했던 숨겨진 진실들을 이야기하고 나니 속은 후련하지만 이 책으로도 면접 합격을 다 보장하지 못함을 여전히 안타깝게 생각한다. 다만 '지피지기면 100전100승'이라는 경구나 '면접관의 입장을 먼저 생각하면서 면접에 임해야 한다'는 메시지는 충분히 전달되었을 것이고, 면접에서 발생할 수 있는 오류나 회피 전략도 알려드렸으니 적절히 대응한다면 합격에 한 발은 더 다가갈 수 있으리라 확신한다. 아울러 일반화된 자료는 아니지만, 면접 성적 및 개별 특성과 근무 성적의 상관관계 분석 결과를 알려줌으로써 지원자들이 자신의 적성에 맞는 조직과 일을 찾아가는 데 조금의 시사점은 되었으리라는 점에서 작은 보람을 느낀다.

짧지 않은 글이라 하더라도 기업 내면을 속속들이 다 파헤쳐서 적시하기는 쉽지 않았다. 여기서 소개한 회사의 채용 전략과 그 제도에 대한 분석이, 지원자들로 하여금 인력운용의 주체인 회사의 입장을 조금이나마 이해할 수 있게 하고 '어떻게 면접과 서류전형을 준비해야 하는가' 에 대해 작은 도움이 되었으면 한다. 더불어 지원자들의 부모님에게도 일독을 권한다. 성장기에 형성되는 개인의 인성은 부모의 솔선수범과 가정교육에서 대부분이 결정된다는 점을 지적해 드렸었다. 면접 준비에서 가장 기초적인 준비는 지원자가 아닌 부모의 몫이라는 점을 한 번 더 강조하고 싶다.

아무쪼록 이 책을 읽는 독자들이 최소의 노력으로 취업의 영광을 안기를 기대하고 소망하면서 이 글을 마친다. 또한 실제 취업 지도와 수많은 준비 그리고 수정 보완 작업을 거쳐 합격의 영광을 안은 필자의 제자들(지원자들)에게도 자료를 제공해주고 같이 고민해준 점에 대해 이 지면을 빌려 감사드리고 싶다.

서초우옥에서 필운